企业财务会计与内部控制研究

宋昱瑶 储明琪 张松 著

延吉·延边大学出版社

图书在版编目（CIP）数据

企业财务会计与内部控制研究/宋昱瑶，储明琪，张松著.--延吉：延边大学出版社，2023.9
ISBN 978-7-230-05466-9

Ⅰ.①企… Ⅱ.①宋… ②储… ③张… Ⅲ.①企业会计—财务会计—研究②企业内部管理—研究 Ⅳ.
①F275 ②F272.3

中国国家版本馆 CIP 数据核字（2023）第 177676 号

企业财务会计与内部控制研究

著　　者：	宋昱瑶　储明琪　张　松
责任编辑：	杨　明
封面设计：	文合文化
出版发行：	延边大学出版社
社　　址：	吉林省延吉市公园路 977 号　　邮　编：133002
网　　址：	http://www.ydcbs.com　　E-mail：ydcbs@ydcbs.com
电　　话：	0433-2732435　　传　真：0433-2732434
印　　刷：	天津市天玺印务有限公司
开　　本：	787 毫米 ×1092 毫米　1/16
印　　张：	13.75
字　　数：	200 千字
版　　次：	2023 年 9 月第 1 版
印　　次：	2024 年 3 月第 2 次印刷
书　　号：	ISBN 978-7-230-05466-9

定　　价：80.00 元

前　言

　　企业财务会计主要是以货币为计量单位，通过专业、系统的会计理论方法与技术，对企业各种生产经营活动进行一定的记录、计算和核算，综合性地对各种数据进行科学的分析和预测，并向投资者提供各种准确信息，不断改善企业经营生产活动，增加企业经济效益。内部控制指的是一个单位为了能够保证资产的完整性，会计信息资料的可靠性，实现经营的目标，提升经济活动的效率以及经济性，采取的一系列自我约束、调整、规划的措施。企业在落实内部控制管理时，必须遵循几大原则，分别是合法性、整体性、针对性、经济性、发展性，从企业以及国家法规的基础之上去落实、改进，充分地发挥内部控制在企业发展中的作用。

　　在世界经济飞速发展的背景下，企业作为社会经济的一个重要的部分，为社会的发展注入了经济活力，同时也面临着机遇和挑战。企业中的财务管理工作是企业经营的重要组成部分，是延长企业经营生命力的关键点，对保障企业的财务安全和规避市场风险起着关键性的作用。因此，企业要在竞争中做好生产经营，不断提高企业的市场规模，就要重视财务会计管理工作，整体提升企业内部控制水平。

　　当前，越来越多的企业意识到财务会计管理工作是一个企业的核心工作，有利于为企业提供更加完善的技术平台，提供高质量的发展。企业在发展的过程中，面临着多种压力，出现了许多问题，应不断采取多种措施，提高企业自身的财务会计管理内部控制工作的水平，提高企业的竞争力，使企业在激烈的市场之中有一席之地。

　　为了提升财会内控管理的质量，企业需要制定完善的财会内控的制度，明确财会人员的职责，在内部建立相关风险控制机制，加强内审，发挥财会内控在企业内部的积极作用，提升企业的核心竞争力并推动企业良好长效发展。

目录

第一章 企业财务会计概述 …………………………………… 1

第一节 企业财务会计基础理论 …………………………… 1
第二节 会计要素 ………………………………………… 16
第三节 企业财务会计规范 ………………………………… 25

第二章 企业财务会计与财务制度的控制 …………………… 29

第一节 企业财务内控制度的设计 ………………………… 29
第二节 企业财务内控制度的构建 ………………………… 37
第三节 企业财务内控制度的评价 ………………………… 40

第三章 企业财务会计与财务组织结构的控制 ……………… 46

第一节 企业组织结构的设计 ……………………………… 46
第二节 企业财权的分层配置 ……………………………… 50

第四章 企业财务会计与预算目标的控制 …………………… 61

第一节 企业预算控制的特点 ……………………………… 61

第二节　企业预算控制的组织 ·· 65

第三节　企业预算控制的流程 ·· 72

第五章　企业财务会计与财务信息的控制·· 80

第一节　企业财务信息及其控制 ·· 80

第二节　企业财务信息的风险控制 ·· 89

第三节　企业财务管理信息化研究 ·· 92

第六章　企业财务会计与财务风险的控制·· 96

第一节　企业财务风险的识别 ·· 96

第二节　企业财务风险的分析 ·· 106

第三节　企业财务风险的处理 ·· 122

第四节　企业财务危机的预警 ·· 141

第七章　企业财务会计与绩效评价的控制·· 147

第一节　企业绩效评价及构成要素 ·· 147

第二节　企业绩效评价方法 ·· 151

第三节　企业绩效评价指标的设计 ·· 154

第四节　企业绩效评价的考核与控制 ······································ 159

第八章　基于财务共享模式的企业财务会计内部控制············· 163

第一节　基于财务共享模式的企业财务会计内部控制关键内容分析　163

第二节 基于财务共享模式的财务会计内部控制优化策略 …………171

第九章 企业财务会计管理信息化与企业内部控制的构建模式 177

第一节 企业内部控制信息化与完善 ……………………177
第二节 大数据信息环境下的企业内部控制措施 ……………190

参考文献…………………………………………………………211

第一章　企业财务会计概述

第一节　企业财务会计基础理论

一、会计学概述

在具体讨论会计理论之前，首先有必要了解会计学的发展，尤其是会计学发展的主要阶段。会计学是一门既古老又年轻的科学，说它古老，是因为早在古巴比伦、古埃及、中国和古印度就因私人财富的积累与管理需要产生了受托责任会计；说它年轻，是因为现代会计学在 20 世纪 50 年代以后才在市场经济发达的国家发展并逐步完善起来。

（一）会计学发展的主要阶段

物质资料的生产是人类社会生存与发展的基础。人类要生存，就需要生产和消费。吃、穿、用、住、行都必须消耗经济资源，而要取得这些经济资源就必然需要进行生产、服务和管理。生产、服务和管理是人类的一项价值创造活动。人们在生产和服务活动中，总是希望用有限的经济资源（如人、财、物等）创造出尽可能多的物质财富，实现价值增值，而这必然离不开管理。也就是说，在进行生产、服务的同时，必须对经济资源的耗费和取得的经营结果及财务成果进行观察、记录、计算、比较和分析。所以说，会计学是社会生产发展到一定阶段的产物，也是随着人们组织和管理生产与服务活动的需要而产生并不断发展的。

（二）会计信息化的发展历程

1. 会计信息化的起步阶段

这一阶段始于20世纪80年代，部分企业开始重视公司内部的财务部门，并为部门员工购置了财务软件。会计从业者不再需要辛苦地编制手工凭证，只需在财务软件中录入每一笔交易对应的时间、金额等细节。然后，财务软件会自动生成对应的电子凭证，月末、季度末、年末都能生成对应期间的财务报表。[1]

2. 会计信息化的发展阶段

20世纪末，各大专家就会计信息化问题举行了一场座谈会，通过讨论得出一致意见：会计信息化应该加快发展的步伐，让更多的企业享受到科技带来的便利。于是，大刀阔斧的会计信息化改革拉开了帷幕，这项改革也得到了政府的大力支持，政府特地划拨了专项资金用于改革的推进。会计信息化系统不仅仅是用软件做账代替人工做账，还将会计信息共享给公司的其他部门，更加智能与便捷。同时，系统可以自动计算出多个财务指标，及时反馈公司的财务状况和经营状况，更有利于投资人的决策。

二、企业财务会计的内容

（一）企业财务会计的概念与目标

1. 财务会计的概念

财务会计作为经济管理的重要组成部分，是人们对生产活动进行管理的客观需要。它是在一定的社会条件下产生的，并随着社会经济的发展和经济管理

---

[1] 李艳：《中小企业财务会计管理问题与对策》，《商情》2023年第12期。

的需要逐渐地发展和完善。它是以会计准则为主要依据，确认、计量、记录会计要素的增减变化，定期以财务报告的形式报告企业财务状况、经营成果和现金流量，并分析报表，评价企业的偿债能力、获利能力等一套信息处理系统。

作为对外报告的财务会计，主要是向企业外部关系人提供有关企业财务状况、经营成果和资金变动情况等有关信息。因此，财务会计可以表述为：财务会计是以凭证为依据，以货币为主要计量尺度，对企业的资金运动过程和结果以及资金运动过程中所形成的经济关系进行完整、连续、系统地反映与控制，并向企业内部管理机构和企业外部相关利益者提供反映企业财务状况和经营成果的信息资料的一种经济管理活动。一般来说，财务会计具有两个基本特征：①以企业外部的信息使用者为直接的服务对象。②有一套约定俗成的会计程序和系统的规范体系。

2. 财务会计的目标

现阶段财务会计的目标具体包括以下几个方面：①为国家宏观调控和经济管理提供信息。②为存在于企业外部的、与企业有经济利益关系的集团、单位和个人等有关方面了解企业经营业绩提供信息。③为企业经营管理者提供信息。

（二）财务会计核算基础认知

会计假设又叫会计基本假设，它是企业会计确认、计量和报告的前提，是对会计核算所处时间、空间环境等所作的合理假定。会计基本假设包括会计主体、持续经营、会计分期和货币计量。

1. 会计主体

会计主体是指企业会计确认、计量和报告的空间范围。为了向财务报告使用者反映企业财务状况、经营成果和现金流量，提供与其决策有用的信息，会计核算和财务报告的编制应当集中于反映特定对象的活动，并将其与其他经济实体区别开来。在会计主体假设下，企业应当对其本身发生的交易或事项进行会计确认、计量和报告，从而反映企业本身所从事的各项生产经营活动和其他相关活动。明确界定会计主体是开展会计确认、计量和报告工作的重要前提。

2. 持续经营

持续经营是指，在可以预见的将来，企业会按当前的规模和状态继续经营下去，不会停业，也不会大规模削减业务。在持续经营的前提下，会计确认、计量和报告应当以企业持续、正常的生产经营活动为前提。

企业是否持续经营，在会计原则、会计方法的选择上有很大差别。一般情况下，应当假定企业将会按照当前的规模和状态持续经营下去。明确这个基本假设，就意味着会计主体将按照既定用途使用资产，按照既定的合约条件清偿债务，会计人员可以在此基础上选择会计原则和会计方法。如果判断企业会持续经营，就可以假定企业的固定资产在持续经营的生产经营过程中长期发挥作用，并服务于生产经营过程，固定资产就可以根据历史成本进行记录，并采用一定的折旧方法，将历史成本分摊到各个会计期间或相关产品的成本中；如果判断企业不会持续经营，那么固定资产就不应根据历史成本进行记录并按期计提折旧。

3. 会计分期

会计分期是指将一个企业持续经营的生产经营活动划分为一个个连续的、长短相同的期间。会计分期的目的在于通过会计期间的划分将持续经营的生产经营活动划分成连续、相等的期间，据以结算盈亏，按期编制财务报告，从而及时向财务报告使用者提供有关企业财务状况、经营成果和现金流量的信息。

在会计分期假设下，企业应当划分会计期间，分期结算账目和编制财务报告。会计期间通常分为年度和中期。中期是指短于一个完整的会计年度的报告期间。有了会计分期，才产生了当期与以前期间、以后期间的差别，才使不同类型的会计主体有了记账的基准，进而孕育出折旧、摊销等会计处理方法。

4. 货币计量

货币计量是指会计主体在会计确认、计量和报告时以货币计量反映会计主体的生产经营活动。

在会计的确认、计量和报告过程中，之所以选择货币为基础进行计量，是由货币本身的属性决定的。货币是商品的一般等价物，是衡量一般商品价值的共同尺度，具有价值尺度、流通手段、贮藏手段和支付手段等特点。其他计量单位，如重量、长度等，只能从一个侧面反映企业的生产经营情况，无法在量上进行汇总和比较，不便于会计计量和经营管理，只有选择货币尺度进行计量，才能充分反映企业的生产经营情况。

（三）财务会计的发展

随着网络技术的发展，国内各大公司和中小型企业的财务管理方式都在一定的范围内受到了影响。随着经济的全球化和信息科技的进步，各大集团公司发展速度越来越快，规模越来越大，行业种类、经营水平也越来越高，许多公司的经营费用越来越高，控制越来越困难，财务风险增加，股东知情权受到挑战，财务决策效率不高，这些因素都制约着公司继续发展。因此，在面临网络时代冲击的同时，大企业面临的各类问题也在迅速发展的过程中浮现出来。

对中小型企业而言，互联网的发展为他们提供了更多的机会，但同时也对公司的发展产生了不利的影响。由于在经营中存在着财务制度不健全、经营效率低、竞争能力弱、融资困难、人员素质差等诸多问题，使得许多中小型企业经营管理费用较高，无法开展业务活动，无法提升盈利。

在新时代的背景下，传统的会计制度在实际应用中暴露出较多的问题，已经难以应对当前更为复杂、种类更为多样的财务核算和管理工作。新会计制度的提出，不仅是对传统会计制度中相关概念和规定的完善，同时也对一些围绕传统发展模式的财务管理方法和程序进行了调整。从财务管理的角度，分析新会计制度实施背景下财务核算发生的变化，对于提升财务核算的效果具有借鉴意义。

（四）新会计制度发生的变化

1. 简化整合基础会计处理

在传统的会计制度中，项目财务和资金处理的收付实现制以及权责发生制的使用缺少统一界定的标准，这就导致在实际基于制度执行财务核算的过程中，同一业务拥有两种不同的核算标准，且在应用的核算标准不同的情况下，得到的核算结果也存在较为明显的差异。这种情况很容易导致在实际财务管理的过程中出现断层，影响财务人员对于核算基础的判断，进而影响其他工作业务的正常开展。而新会计制度重点强调了以权责发生制为主开展核算工作，对于部分特殊的经济活动则需要采用收付实现制来达到财务核算的目的。这一规定强调了财务管理内部监督的重要性，在简化以往会计处理流程的同时，也为会计信息的统计和整理提供了更为标准的处理方式。

2. 明确资产补偿机制和平行记账机制

在传统的会计制度下，摊销模式缺少对于业务开展中各类设备等类型固定资产损耗情况的核算。在新时代的背景下，越来越多先进技术的应用需要依靠更为复杂和多样的设备。应用新会计制度，能够以更完善的长期资产补偿机制，将设备等固定资产纳入财务核算的范围当中，从而更好地实现对组织内部各类资产资源的合理分配，对于提升财务管理工作的效率具有重要的作用。而从平行记账机制的角度来看，新会计制度将会计工作分为预算会计和财务会计两种方式，对于实际工作中涉及的借记支出以及贷记资金结存等，以预算会计方式为主，其他业务则以财务会计核算为主，这样能够有效明确不同属性和业务下的资产核算标准和流程，从而为后续的财务管理提供便利。

3. 增加研发支出科目和待摊费用

研发支出费用主要针对当前许多项目研发建设中涉及的技术而言，在项目研发期内的支出持续被消耗的情况下，进入项目的发展期就会出现较为明显的资本化现象，从而影响项目后续的完成情况。针对这一问题，新会计制度中增加研发支出科目，以项目研发过程中形成的技术、专利等无形资产为主要对象，依据项目开发阶段以及达到预定目的的总支出来进行财务核算。如果在项目研发建设中直接依据法定程序来申领无形资产，那么在进行财务核算过程中也主要依据法律来进行相关费用的结算。而在增加待摊费用方面，新会计制度规定，待摊费用在受益期限内以分期平均摊销的方式，计入当期费用。在项目建设中发生待摊费用时，需要按照实际预付的金额来借记本科目，贷记财政拨款收入、银行存款等科目。

三、企业财务会计核算体系

（一）财务会计核算模式类型与特点

1. 财务核算模式类型

当前主要的财务核算模式分为集权型和分权型两种类型。集权型是指企业将所有的决策权、经营权以及管理权进行集中，各级机构严格遵守母公司的各项决策。分权型是指企业只把握整体的战略方向，将决策权、经营权和管理权下放至各级机构，下属单位拥有绝对的财务管理权限。在现实的财务管理过程中，没有一家企业的财务核算模式会出现绝对集权或分权的情况。

2. 财务会计核算模式特点

（1）集权型财务核算模式特点

集权型财务核算模式拥有提高资金收益，规范财务行为，强化内部预算管理，防范财务风险的鲜明优势，是目前各大型国有企业、商业银行等的首要选择。具体特点如下：

提高财务资金收益，实现企业资金效益最大化。集权型财务核算模式按月对各级机构设置虚拟的资金使用透支额度，同时将企业各级机构的资金进行归集、统筹管理，合理运作利用，避免各级机构资金闲置，提高财务资金收益，以实现企业资金的使用效益最大化。

规范财务行为，提高数据准确性和可比性。实行集权型财务核算模式，财务集中核算中心实行的财务核算规则和审核标准是统一的，从而能够规范企业内部各级机构财务核算的各项行为，使财务核算结果更加准确和具有可比性。

强化企业内部预算管理。一方面，在集权型财务核算模式下，企业可以实时掌控各级机构费用开支进度，对内部资金实施明细控制，进行统筹调度、分配，在确保资金用途合理后，才将资金划出，避免存在财务资金流失现象；另一方面，在集权型财务核算模式下，可以预防各级机构重收入预算、轻费用管控，资金花销不明确、超预算的现象出现，可实现对费用开支实时监督管控。

防范财务风险，有利于党风廉政建设。集权型财务核算模式实现了企业决策权与资金使用权的分离，且财务集中核算中心人员独立于下级各机构，不再受到下级企业领导人员约束与控制，因此可以提高会计核算的工作质量，减少公款吃喝等腐败行为和"小金库"的滋生，有利于防范财务风险和党风廉政的建设。

集权型财务核算模式虽然已受到各类大型国有企业及商业银行的广泛青睐，但其要求企业建立一套完善的财务核算体系，拥有高素质、全能型的专业化财务核算队伍，且对信息化系统建设要求较高，因此目前在实施过程中仍存在较多问题。

（2）分权型财务核算模式特点

分权型财务核算模式相对于集权型财务核算模式有其不可替代的优势，如更有助于调动下级机构的积极性，灵活性较强，信息化系统建设要求较低等。但因其各级机构财务管理参差不齐，容易滋生腐败行为，数据差异化较大、缺乏可比性，各级机构可能会为了本机构利益牺牲企业整体利益，故该模式仅适用于企业的成立初期。其核算特点具体如下：

有利于调动下级机构的积极性。在分权型财务核算模式下，企业总部仅对方向性和战略性问题进行把控，对各级机构保留了部分重大决策的权利，各级机构拥有足够的决策自主权和资金使用权，更有助于调动下级机构的工作积极性。

灵活性较强。实行分权型财务核算模式，企业各级机构在不违背总部战略规划及各项法律法规的前提下，可根据自身实际情况制定更适用于本机构的财务核算规则，具有较强的灵活性。

对信息化系统建设要求较低。企业采用分权型财务核算模式，各级机构只需根据自身实际情况购买适用于本机构的财务管理系统开展财务核算工作，财务管理系统承载数据量较少，对信息化系统建设要求较低。

（二）相关理论基础

1. 委托代理理论

委托代理理论起源于 20 世纪 30 年代，是美国著名经济学家伯利和米恩斯提出的，他们意识到企业的所有者同时担任管理者时，所有者因其专业知识、技能和精力有限，导致企业的经营发展存在重大弊端，而社会上因为专业化的分工，产生了一大批具有专业知识、能力的代理人，他们有精力、有能力代理企业的所有者行使管理者各项权利，于是提出将企业所有权和经营权相互分离，企业所有者继续保留对企业的剩余索取权，将经营权让渡给专业人才进行企业管理。财务集中核算模式正是以"委托代理理论"为基础，企业以招聘形式筛选出具有专业水平的财务相关人员，组成独立于其他机构的财务集中核算中心，开展企业财务核算审核、会计监督工作。

2. 内部会计控制理论

内部控制包括内部管理控制和内部会计控制。内部会计控制是指用于鉴别、分析、分类、记录和报告企业的各项经营活动，并对企业的资产、负债负责而建立的各项会计方法和措施。内部会计控制主要包括保护财产的安全性，确保会计信息客观、真实和完整，各项经营活动合法、有效等有关的控制。内部会计控制是内部控制的重要组成部分，对于加强企业会计监督，提高会计信息质量和管理效率发挥重要作用，是企业内部控制核心内容，也是衡量一个企业管理水平优劣的重要标志。其基本要求为：会计记录的完整性、会计反映的及时性、业务活动修改的合理性、经营活动计量的适当性、对经济事项披露的充分性等。内部会计控制主要包含八大措施：不相容岗位相分离、实行授权批准机制、会计系统应用控制、风险控制、财产保全的控制、预算控制、电子信息技术控制和内部报告控制。

（三）新常态下的企业会计核算

在新常态下，随着经济环境的变化，不同行业都在进行着相应的变革。企业要追求精细化管理发展，必须注重会计核算水平的提升。在实际运营过程中，会计核算贯穿企业内部的各个部门，包括对各部门产生的财务数据进行汇总、整理、核算、总结等。会计核算能够将企业在一段时间内的运营情况真实地反映出来，同时对经营过程中产生的经济效益进行科学的反映，这对提高企业整体经营发展水平具有重要意义。但目前我国企业在实际会计核算活动开展过程中仍然无法将核算价值最大化，导致会计核算水平一直处于较低的状态。

1. 新常态下企业提升会计核算水平的重要性

首先，会计核算能够提升企业综合市场竞争能力。目前，市场竞争环境变得日益激烈，很多企业在激烈的竞争中被淘汰。如何在这种严峻的形势下生存发展，在市场上占有一席之地，这是企业管理者需要思考的问题。企业结合当前发展形势，对传统会计核算进行优化改革，将使会计核算结果更加真实可靠。

通过对核算结果进行有效分析，将真实地反映企业各项经营活动的情况，通过了解同行业核算数据并与之比对，将使企业对自身运营形式有更加全面的认识和了解。首先，有助于企业从自身出发，在激烈的市场环境中通过改革创新，提升综合竞争能力。其次，良好的会计核算将使企业的运营成本降低。企业进行经营的主要目的是获利，因此企业内部对运营成本关注度较高，通过对会计核算结果的分析，可以明确各经营环节的成本费用。通过对不合理的成本费用进行调整改进，保障内部资源实现最优配置。最后，会计核算能够降低企业的运营风险。会计核算能够真实地反映实际经营现状，由此对业务活动进行有效的监控，及时对异常行为进行追踪，并判断该行为是否具有风险。有助于及时发现业务活动中存在的风险，并对其进行有效的防范，避免给企业造成损失。

2. 新常态下企业会计核算存在的问题

（1）会计核算认识不清

新常态下，传统的会计核算模式已经不适合当前发展。企业需要对财务管理进行改革升级，以适应当前形势的发展。但对企业领导而言，其思想被传统的会计核算模式禁锢，对会计核算认识不够深刻，无法跟上现代化管理脚步，对会计核算认识不清，导致一些企业内部会计核算方法落后，无法与现代化业务活动接轨，会计核算逐渐远离初衷，无法为业务活动提供更高质量的服务。落后的会计核算方法，一方面导致企业工作效率降低；另一方面无法发挥会计核算的真实价值，无法为企业提供理想的会计信息，致使会计核算效果无法发挥，不能再为企业决策提供真实可靠的信息支持，不利于企业正确决策的制定，使企业无法适应常态化发展形势，导致企业整体管理水平落后，最终被市场淘汰。

（2）会计核算体系不完善

新常态下，企业发展形势十分严峻。在此背景下，部分企业自身的发展步伐较缓慢，经营模式落后，创新能力不足，在经济发展过程中受到严重限制。这主要是因为企业对自身发展方向不清晰，没有对外部经济发展形势和环境进行充分了解，在对待会计核算工作时，没有足够的关注，导致内部会计核算体系不够完善。尤其是国有企业，其部门业务量较大，缺乏完善的会计核算体系，导致内部财务管理效率降低，缺乏对财务账目的清晰管理，使管理缺乏真实性。目前我国一些企业仍然没有对内部会计核算机制进行全面完善，会计核算工作仍然滞后，对各部门会计信息的收集造成了巨大的困难，使会计核算效率无法提升，影响了会计核算的质量。在会计核算执行过程中没有对其进行全面的掌控管理，导致会计核算工作缺乏科学性和规范性，不利于企业顺利开展财务管理活动。

（3）会计核算信息系统不合理

会计核算工作针对的是财务数据，因此，首先需要大量的数据支持核算工作，企业在保证会计信息数据真实有效的情况下，对数据信息进行整理核算，并将整合后的数据进行分析，从而为企业决策提供可靠的依据。但在实际工作中，一些企业财务核算人员并没有对财务数据的准确性和完善性进行判断，多数人员忽略其准确性，直接进行核算工作。由于会计信息数据的真实性无法保证，有时会造成核算数据与实际差异较大，给企业财务工作带来麻烦。比如企业在财务信息采集过程中，采集人员疏忽大意，导致数据信息错误录入会计账目当中，对其进行核算，核算后的结果无法保证，也使随后的管理工作变得麻烦。因为企业在发现核算错误后就需要更多的时间去寻找错误数据，在海量的数据中寻找错误数据，无疑为财务工作带来了巨大的麻烦，不利于后面财务管理工作的有序开展。

（4）会计核算监督体系欠缺

现阶段，部分企业会计核算仍然缺乏监督体系。对会计核算工作来说，其严肃性比较强，在针对会计数据进行核算时，对核算数据的真实性要求较高，因为数据是企业会计核算工作开展的基础，数据的真实性直接影响核算结果的真实性。但一些企业在实际工作中并不重视内部监督体系的建设，在这方面存在着巨大的漏洞。尽管一些企业建立了督查小组，但大部分都是形式化工作，没有发挥该组织实际的效用。首先，不完善的监督机制导致会计核算数据的漏洞比较明显，在没有控制约束的条件下，会导致会计核算结果不准确，甚至会出现违法行为；其次，尽管一些企业设立了审计部门，但内部审计人员能力不足，无法将审计的监督职能发挥出来，对企业会计核算无法起到监督控制作用；最后，会计核算内部监督机制的缺失，导致外部监督机制无法实现。

3. 新常态下企业提升会计核算水平的有效措施

（1）优化会计核算理念

对企业而言，若要同步提升会计核算的质量和水平，那么首先就需要注重会计核算工作，全面了解会计核算对企业财务管理的重要意义，将会计核算理念进一步优化，确保企业高层和财务人员都具有良好的核算意识。对企业管理层而言，需要树立正确的核算理念，对整个会计核算过程有一个全方位的把控。可以通过微信公众号或者讲座活动的开展，强化内部财务人员核算意识，保证会计核算工作的顺利开展。同时企业需要严格遵守会计制度，保障会计核算的真实性和准确性。全体员工都应该将会计意识牢记于心，积极参与配合会计核算工作，为其顺利开展贡献力量，保障企业各项经营活动的有效顺利开展。

（2）建立完善的会计核算体系

完善的会计核算体系建设对企业现代化财务管理具有重要的影响。企业财务工作的顺利开展，需要完善的会计核算体系的支持。首先，企业在实际会计核算工作中，要保证会计核算结果的准确性，因此就需要对核算体系进行规范完善，进而保证会计核算的有效性，引导核算工作为企业发展提供支持。当会计核算体系建成后，还需要保证其有效地执行，要将其落实到位。从会计核算细节下手，对其进行优化和完善，确保其准确性和规范性。在执行过程中还需要会计人员严格遵循规章制度，不得随意更改核算内容，从而将制度落实，提高会计核算水平。其次，企业需要明确会计核算目标，并将其落实到位，将会计体系的实际效用最大化地发挥。企业的核算系统并不只是进行基础简单的核算工作，还需要在会计核算的基础上发挥出监督、引导的作用。当出现不按照核算标准进行的行为时，需要及时追究其责任，对其行为进行约束规范，杜绝徇私舞弊等违法行为的出现，及时为企业降低损失。

（3）大力发展会计核算信息系统

随着信息化时代的到来，有的企业将信息技术融入企业财务工作中。企业在日常财务工作开展过程中通过建立先进的财务信息系统，使财务人员的巨大工作压力得到释放，信息系统在数据处理过程中具有快速准确的优势，在避免出现人工错误的同时，使企业整体的工作效率和质量得到了有效提升。在传统会计核算模式下，需要耗费大量的人力进行数据统计，无法保证数据的绝对准确和全面，会出现会计核算质量不高的现象。但现在，通过信息技术的应用，企业内部完成对财务信息系统的建设，对财务数据进行整合，使数据存储于计算机系统，财务人员不受时间地点限制，对财务数据进行及时的查阅，以保障良好核算效果的呈现。企业会计核算信息系统大大降低了财务人员的工作负担，为财务数据信息提供了良好的储存环境，减少了人为因素影响导致的数据错误，有利于提高会计核算效率和水平。

（4）完善会计核算监督体系

会计核算制度的有效落实需要得到监督机制的支持。监督机制对会计核算行为进行了约束和规范。企业在核算工作过程中必须保证其全程有适合的监督机制。完善的监督体系能够提高会计核算水平，从而保障会计核算结果的准确性。针对监督机制的建立，不仅需要财务部门的努力，还需要对整体的监督机制进行完善，使得各部门之间能够相互监督、约束，有效落实会计核算制度。通过设立内审机制，健全企业内部控制制度，定期对会计核算开展审查工作，对核算工作中存在的问题进行排查，及时对异常行为进行整改，确保会计核算工作的顺利开展。

新常态背景下，变化莫测的市场环境和现代经济模式的转变都显示了提升会计核算水平的重要性。高水平的会计核算能够使企业在激烈的市场环境中提高综合实力，有效降低企业的运营成本，并增强企业防范风险的能力。因此，企业必须强化会计核算意识，严格遵守会计制度，并对内部会计核算体系进行完善，通过引进信息技术，大力建设会计信息化系统，完善监督制度，确保会计核算工作的有效执行和落实。只有这样，企业才能够适应新常态下复杂的市场环境，从而推动企业持续稳定地生存和发展。

（三）信息化条件下企业财务会计核算的新选择

各行各业都在飞速发展，企业的经营活动也日渐复杂，这也对会计从业者提出了新的挑战。如果继续沿用陈旧的会计核算方法，那么就违背了准确性的原则，呈现给投资人看的财务信息也不再公允，甚至严重偏离现实。因此，改变会计核算方法迫在眉睫。会计从业者应当学习最新的会计准则，了解行业动态，做到与时俱进。尤其在选择会计核算方式时，要依据行业特点进行选择，更换企业内部的会计核算软件，启用新型的会计软件，将会计软件系统和公司内部 ERP 系统相结合，便于公司管理者查阅数据信息，满足财务数据需求者的要求。

1. 会计核算方法变革技术及需求分析

（1）会计信息系统和会计核算方法

数据的收集和输入：收集没有经过处理的原始数据，并转换成信息系统能够处理的形式，完成信息的录入。

信息的存储：数据录入之后，对原始数据进行初步的整理，使管理者能够更好地理解。

信息的传输：让初步处理过的信息通过系统快速传递到各个部门。

信息的加工：信息系统对信息进行计算、排序、合并等。

信息输出：将信息以报表、图表、文字的形式输出系统。

（2）会计核算方法变革的信息需求动因

会计信息使用者需求的变化。受托责任观和决策有用观是目前会计界主流的两种观点，两种观点都有各自的拥护者。受托责任观认为，既然财务会计接受了别人的委托，负责做账，就应该承担所托付的责任。随着时代的变化，外部信息使用者的需求也在随之变化，具体有以下几个方面的变化：第一，外部信息使用者不仅仅要看到最基础的财务数据，还要获取更多的深层信息，譬如业绩完成情况、公司发展动态、生产经营预算、股东变更情况等。信息使用者认为，知道更详细的信息，才能对公司有一个更全面的了解。第二，信息使用者不再满足于只知晓企业过去和现在的信息，还希望会计信息系统可以提供企业未来的预测信息，譬如未来的盈利分析、经营状况预测。第三，信息使用者希望会计可以提供企业按不同地区、不同行业编制的财务资料，简而言之，更加细致的财务信息，可使他们对整个企业做出更有依据的判断。

传统会计核算方法的局限性。数据采集仅限于会计的视角范围，传统的方法仅仅站在会计部门的视角上来编制各项数据，以是否影响报表项目为加工导向。这种采集方式的弊端也很明显，在数据收集过程中会丢弃很多有用的非财务数据或非货币数据，呈现的信息是比较片面的。

会计数据加工过程是报表导向式，为了满足大部分人的需求，信息最终是以传统报表的形式呈现在大众面前。以报表上的科目为导向，收集原始数据、编制会计凭证、形成会计账簿、生成财务报表，每个步骤环环相扣，如果前面的环节出了纰漏，最终报表所反馈的信息就是有误的。

采集环节，各个职能部门依照业务类别对数据进行初步汇总，进入会计循环后，进入总账和明细账，生成报表时再按照报表科目进行汇总。每一次的汇总在某种程度上来说都是一种信息的过滤，滤掉了很多的业务细节和非财务数据。

2.会计信息化条件下会计处理方法的选择原则

规范化原则指的是在处理信息的过程中，会计信息必须严格按照一定的程序进行加工、整理，整个过程必须是规范化的。比如原始凭证上必须填写凭证日期、凭证填制人的姓名，经济业务的内容必须准确等。当员工申请报销差旅费时，必须提交对应的机票、高铁票等，否则不予报销。

准确性原则是指会计信息的每个处理步骤都必须是准确无误的,软件系统的核算方法必须是合理的。譬如把管理部门员工的差旅费计入销售费用,就是违背了准确性原则。

及时性原则一般包含两重含义:处理及时和报送及时。处理及时是指,企业发生的经济活动必须在对应的时间内进行会计处理。常见的是收入的跨期确认,很多公司选择在收到货款之后才确认销售收入,实际上收入确认的正确时点应该是服务完成或者商品收到的瞬间。

开拓性原则体现在紧跟时代的发展。在技术发展的同时,会计核算方法也应有更多的选择。会计从业人员在选择处理方法时,应该选择最先进的核算方法,和时代接轨,紧跟时代的潮流。

四、财务会计的基础

企业财务会计的基础是企业财务会计存在和发展的根本,根据《企业会计准则》,企业财务会计的确认、计量和报告应当以权责发生制为基础。权责发生制也称应计制、应收应付制,是以本期内取得收款权利或承担支付责任为基础来确定本期的收入或费用,凡应属本期内已获得收款权利的收入或应承担支付责任的费用,不论款项是否已经实际收到或支付,均作为本期收入或费用处理;反之,凡不应归属本期内获得收款权利的收入或应承担支付责任的费用,即使其款项已在本期内实际收到或付出,也不作为本期的收入或费用处理。

权责发生制和收付实现制是确定当期收入和费用的两种会计基础。收付实现制也称现金制、现收现付制,是完全以本期内实际收到或支付款项为基础来确定本期的收入或费用,凡本期内未曾收款的收入和未曾付款的费用,即使归属本期,也不作为本期的收入和费用处理。

收付实现制的核算手续比较简便,但不能正确反映各期的财务成果,只适用于事业单位和一些小型零售、服务性企业的会计核算。权责发生制的核算手续比较复杂,需要运用一些如应计、应付、预提、摊销等账务处理手段,并通过相应的会计账户加以归类反映,但能够揭示收入与费用之间的因果关系,体现收入与费用的配比关系,更为准确地反映特定时期财务成果的真实状况。

第二节 会计要素

企业财务会计提供的以财务信息为主的经济信息，来自企业的经济活动。现代化企业的经济活动，主要包括生产和销售产品（劳务）的生产经营活动，还包括多渠道、多形式筹集资金的活动以及运用企业资产进行直接或间接的对外投资的活动。企业经济活动中能够用货币表现的方式，是企业会计反映与控制的对象。

企业财务会计的对象，是企业已经发生或已经完成的价值运动，可以具体划分为不同组成部分，即会计要素。企业经济活动中的价值运动是由连续不断发生的"交易"和"事项"（我国统称经济业务或会计事项）组成的。"交易"指企业与外部单位之间发生的各项经济往来，如商品购销、资金筹集、相互投资等；"事项"指企业内部发生的各项经济活动，如材料投产、产品入库等。为了能够实现财务会计目标，财务会计有必要对这些"交易"和"事项"按其性质划分为不同的会计要素。

一、资产

资产是指企业过去的交易或者事项形成的、由企业拥有或者控制的、预期会给企业带来经济利益的资源。

根据资产的定义，资产应同时具备以下几个方面的特征。

第一，资产预期会给企业带来经济利益，即资产具有直接或者间接导致现金和现金等价物流入企业的潜力。这种潜力可以来自企业日常的生产经营活动，也可以是非日常活动；带来的经济利益可以是现金或者现金等价物，或者是可以转化为现金或者现金等价物的形式，或者是可以减少现金或者现金等价物流出的形式。

第二，资产应为企业拥有或者控制的资源，即企业的资产要求企业享有某项资源的所有权，或者虽然不享有某项资源的所有权，但该资源能被企业控制。企业享有资产的所有权，表明企业能够排他性地从资产中获取经济利益。通常在判断资产是否存在时，所有权是考虑的首要因素。有些情况下，资产虽然不为企业所拥有，即企业并不享有其所有权，但企业控制了这些资产，同样表明企业能够从资产中获取经济利益，符合会计上对资产的定义，因此，可以将其作为企业的资产予以确认。如果企业既不拥有也不控制资产所能带来的经济利益，就不能将其作为企业的资产予以确认。

第三，资产是由企业过去的交易或者事项形成的，过去的交易或者事项包括购买、生产、建造行为或者其他交易或事项。只有过去的交易或者事项才能产生资产，企业预期在未来发生的交易或者事项不形成资产。例如，企业有购买某存货的意愿或者计划，但是购买行为尚未发生，就不符合资产的定义，不能因此而确认存货资产。

资产按流动性质一般分为以下两类：①流动资产，一般指能在一年内或者超过一年的一个营业周期内变现或者耗用的资产，包括现金及各种存款、交易性金融资产、应收及预付款项、存货等；②非流动资产，一般指不能在一年内或者超过一年的一个营业周期内变现或者耗用的资产，如长期股权投资、持有至到期投资、固定资产、投资性房地产、无形资产等。

此外，资产还可以按不同标准划分为货币性资产和非货币性资产、有形资产和无形资产、金融资产和非金融资产。按照《企业会计准则》的规定，将一项资源确认为资产，需要同时满足以下三个条件：一是符合资产的定义。只有符合资产的定义才能做到主观符合客观，财务会计才能提供可靠、相关的会计信息。二是与该资源有关的经济利益很可能流入企业。从资产的定义可以看到，能否带来经济利益是资产的一个本质特征，但在现实生活中，由于经济环境瞬息万变，与资源有关的经济利益能否流入企业或者能够流入多少，实际上带有不确定性。因此，资产的确认还应与经济利益流入的不确定性程度的判断结合起来，如果根据编制财务报表时所取得的证据，与资源有关的经济利益很可能流入企业，那么就应当将其作为资产予以确认；反之，不能确认为资产。三是该资源的成本或者价值能够可靠地计量。由于财务会计系统是一个确认、计量、记录和报告的系统，其中计量起着枢纽作用，可计量性是所有会计要素确认的重要前提，资产的确认也是如此。只有当有关资源的成本或者价值能够可靠地计量时，资产才能予以确认。

二、负债

负债是指企业过去的交易或者事项形成的、预期会导致经济利益流出企业的现时义务。按照负债的定义，负债应同时具备以下几个方面的特征：

第一，负债是企业承担的现时义务，这是负债的一个基本特征。其中，现时义务是指企业在现行条件下已承担的义务。未来发生的交易或者事项形成的义务，不属于现时义务，不应当确认为负债。义务可以是法定义务，也可以是推定义务。法定义务是指具有约束力的合同或者法律法规规定的义务，通常在法律意义上需要强制执行。推定义务是指根据企业多年来的习惯做法、公开的承诺或者公开宣布的政策而导致企业将承担的责任，这些责任使得有关各方形成了企业将履行义务解脱责任的合理预期。例如，某企业多年来制定一项销售政策，对于售出商品提供一定期限内的售后保修服务，预期将为售出商品提供的保修服务就属于推定义务，企业应当将其确认为一项负债。

第二，负债预期会导致经济利益流出企业。只有企业在履行义务时会导致经济利益流出企业的，才符合负债的定义，才可以将其确认为负债。如果履行义务时不会导致企业经济利益流出的，就不符合负债的定义，则不可以将其确认为负债。在履行现时义务清偿负债时，导致经济利益流出企业的形式多种多样。例如，用现金偿还或以实物资产形式偿还；以提供劳务形式偿还；部分转移资产、部分提供劳务形式偿还；将负债转为资本，等等。

第三，负债是由企业过去的交易或者事项形成的，只有过去的交易或者事项才形成负债，企业在未来发生的承诺、签订的合同等交易或者事项，不形成负债。

负债一般按偿还期长短分为以下两类：①流动负债，指将在一年内或者超过一年的一个营业周期内偿还的债务，包括短期借款、交易性金融负债、应付票据、应付账款、预收账款、应付职工薪酬、应交税费、应付利润、其他应付款。②非流动负债，指偿还期在一年以上或者超过一个营业周期的债务，包括长期借款、应付债券、长期应付款项、专项应付款和预计负债等。

负债还可以按不同标准划分为货币性负债和非货币性负债、金融负债和非金融负债。

按照《企业会计准则》的规定，将一项现时义务确认为负债，需要同时满足以下三个条件：一是符合负债的定义。只有符合负债的定义才能做到主观符合客观，财务会计才能提供可靠、相关的会计信息。二是与该义务有关的经济利益很可能流出企业。从负债的定义可以看到，预期会导致经济利益流出企业是负债的一个本质特征。在实务中，履行义务所需流出的经济利益带有不确定性，尤其是与推定义务相关的经济利益通常需要依赖大量的估计。因此，负债的确认应当与经济利益流出的不确定性程度的判断结合起来，如果有确凿证据表明，与现时义务有关的经济利益很可能流出企业，就应将其作为负债予以确认；反之，如果企业承担了现时义务，但是会导致企业经济利益流出的可能性很小，就不符合负债的确认条件，不应将其作为负债予以确认。三是未来流出的经济利益的金额能够可靠地计量。负债的确认在考虑经济利益流出企业的同时，对于未来流出的经济利益的金额应当能够可靠计量。对于与法定义务有关的经济利益流出金额，通常可以根据合同或者法律规定的金额予以确定，考虑到经济利益流出的金额通常在未来期间，有时未来期间较长，有关金额的计量需要考虑货币时间价值等因素的影响。对于与推定义务有关的经济利益流出金额，企业应当根据履行相关义务所需支出的最佳估计数进行估计，并综合考虑有关货币时间价值、风险等因素的影响。

三、所有者权益

所有者权益是指企业资产扣除负债后，所有者享有的剩余权益。公司的所有者权益又称为股东权益。所有者权益是所有者对企业资产的剩余索取权，是企业资产中扣除债权人权益后应由所有者享有的部分。通过所有者权益既可反映所有者投入资本的保值增值情况，又可以树立保护债权人权益的理念。

按照所有者权益的定义，所有者权益应同时具备以下几个方面的特征：一是所有者权益是在资产减去负债后留在资产中所体现的剩余权益，其数额大小是由资产减去负债后的余额决定的。二是所有者权益一般表现为企业所有者的投资及其增加的权益，其数额大小受所有者投资增减的影响。三是所有者权益一般表现为企业所有者的投资及其增加的权益，其数额大小也受利润分配多少的影响。

所有者权益的来源包括所有者投入的资本、直接计入所有者权益的利得和损失、留存收益等，通常由股本（或实收资本）、资本公积（含股本溢价或资本溢价、其他资本公积）、盈余公积和未分配利润构成。所有者投入的资本是指所有者投入企业的全部资本，既包括构成企业注册资本或者股本部分的金额，也包括投入资本超过注册资本或者股本部分的金额，即资本溢价或者股本溢价，这部分投入资本在我国企业会计准则体系中被计入了资本公积。

直接计入所有者权益的利得和损失，是指不应计入当期损益、会导致所有者权益发生增减变动的、与所有者投入资本或者向所有者分配利润无关的利得或者损失。其中，利得是指由企业非日常活动所形成的、会导致所有者权益增加的、与所有者投入资本无关的经济利益流入。损失是指由企业非日常活动所发生的、会导致所有者权益减少的、与向所有者分配利润无关的经济利益流出。直接计入所有者权益的利得和损失主要指可供出售金融资产的公允价值变动损益、以权益结算的股份支付和现金流量套期中，有效套期部分的公允价值变动损益等。

留存收益是指企业历年实现的净利润留存于企业的部分，主要包括累计计提的盈余公积和未分配利润。其中盈余公积又包括法定公积金和任意公积金。

所有者权益体现的是所有者在企业中的剩余权益，因此，所有者权益的确认主要依赖其他会计要素的确认，尤其是依赖资产和负债的确认；所有者权益金额的确定也主要取决于资产和负债的计量。例如，企业接受投资者投入的资产，在该资产符合企业资产确认条件时，就相应地符合了所有者权益的确认条件；当该资产的价值能够可靠计量时，所有者权益的金额也就相应可以确定。

四、收入

收入是指企业在日常活动中形成的、会导致所有者权益增加的、与所有者投入资本无关的经济利益的总流入。

按照收入的定义，收入应同时具备以下几个方面的特征：

第一，收入是企业在日常活动中形成的，其中日常活动是指企业为完成其经营目标所从事的经常性活动以及与之相关的活动。例如，工业企业制造并销售产品、商业企业销售商品、保险公司签发保单、咨询公司提供咨询服务、商业银行对外贷款等，均属于企业的日常活动。明确界定日常活动是为了将收入与利得相区分，因为企业非日常活动所形成的经济利益的流入不能确认为收入，而应当计入利得。

第二，收入会导致所有者权益增加，与收入相关的经济利益的流入应当会导致所有者权益的增加，不会导致所有者权益增加的经济利益的流入不符合收入的定义，不应确认为收入。例如，企业向银行借入款项，尽管也导致了企业经济利益的流入，但该流入并不导致所有者权益的增加，反而使企业承担了一项现时义务。企业对于因借入款项所导致的经济利益的增加，不应将其确认为收入，应当确认为负债。

第三，收入是与所有者投入资本无关的经济利益的总流入，收入应当会导致经济利益的流入，从而导致资产的增加。例如，企业销售商品，应当收到现金或者在未来有权收到现金，才表明该交易符合收入的定义。但是在实务中，经济利益的流入有时是因所有者投入资本的增加导致的，所有者投入资本的增加不应当确认为收入，应当将其直接确认为所有者权益。

收入一般由主营业务收入（或基本业务收入）和其他业务收入（或附营业务收入）构成。其中，主营业务收入一般是指收入金额大、所占比重高、业务发生比较频繁的经济利益流入，如工业企业的产品销售收入、商品流通企业的商品销售收入、施工企业的工程结算收入等。其他业务收入则是指收入金额小、所占比重低、业务发生频率比较低的经济利益流入，如工业企业的材料销售收入、技术转让收入、固定资产出租收入等。

企业收入的来源渠道是多种多样的，不同收入来源的特征有所不同，其收入确认条件也往往存在差别，如销售商品、提供劳务、让渡资产使用权等。一般而言，收入只有在经济利益很可能流入从而导致企业资产增加或者负债减少，且经济利益的流入额能够可靠计量时才予以确认，即收入的确认至少应当符合以下三个条件：①与收入相关的经济利益应当很可能流入企业；②经济利益流入企业的结果会导致资产的增加或者负债的减少；③经济利益的流入额能够可靠计量。

五、费用

费用是指企业在日常活动中发生的、会导致所有者权益减少的、与向所有者分配利润无关的经济利益的总流出。

按照费用的定义，费用应同时具备以下几个方面的特征：

第一，费用是企业在日常活动中形成的，日常活动的界定与收入定义中涉及的日常活动的界定相一致。日常活动所产生的费用通常包括营业成本、职工薪酬、折旧费、无形资产摊销费等。将费用界定为由日常活动形成的，是为了将费用与损失相区分，企业非日常活动所形成的经济利益的流出不能确认为费用，而应当计入损失。

第二，费用会导致所有者权益减少，不会导致所有者权益减少的经济利益的流出不符合费用的定义，不应确认为费用，如将银行存款用于偿还银行贷款，会导致经济利益流出企业，但不会导致所有者权益减少，所以不能确认为费用。

第三，费用是与向所有者分配利润无关的经济利益的总流出，费用的发生会导致经济利益的流出，从而导致资产的减少或者负债的增加（最终导致资产减少）。其表现形式包括现金或者现金等价物的流出，存货、固定资产和无形资产等的流出或者消耗等。鉴于企业向所有者分配利润也会导致经济利益的流出，而该经济利益的流出显然属于所有者权益的抵减项目，不应确认为费用，应当将其排除在费用的定义之外。

费用一般由成本费用和期间费用构成。成本费用是指计入生产经营成本的费用，即企业为生产商品和提供劳务等而发生的费用，如工业企业计入产品成本的直接人工、直接材料、其他直接支出和制造费用，商品流通企业计入商品采购成本的各项支出（如计入国内购进商品采购成本的国内购进商品的原始进价、购入环节缴纳的税金等，计入国外购进商品采购成本的进价、进口税金、付给代理单位海外运保费及佣金等）。期间费用是指计入当期损益的费用，指企业行政管理部门为组织与管理生产经营活动而发生的管理费用和财务费用，为销售商品和提供劳务发生的销售费用。

由于费用的确认会导致经济利益流出企业，因此，费用的确认除了应当符合定义外，还应当满足严格的条件，即费用只有在经济利益很可能流出从而导致企业资产减少或者负债增加,且经济利益的流出额能够可靠计量时才能予以确认。因此,费用的确认至少应当符合以下三个条件:①与费用相关的经济利益应当很可能流出企业;②经济利益流出企业的结果会导致资产的减少或者负债的增加;③经济利益的流出额能够可靠计量。

六、利润

利润是指企业在一定会计期间的经营成果。通常情况下,如果企业实现了利润,则表明企业的所有者权益将增加,业绩得到了提升;反之,如果企业发生了亏损(利润为负数),则表明企业的所有者权益将减少,业绩下降。因此,利润往往是评价企业管理层业绩的一项重要指标,也是投资者、债权人等会计信息使用者进行决策时的重要参考依据。按照利润的定义,利润应同时具备以下几个方面的特征:①利润是企业一定时期用货币表现的最终财务成果。②利润数额的大小是通过收入减费用后的余额决定。③计算利润的收入是广义的收入,包括前述作为会计要素的收入、投资收益、营业外收入及相关资产的公允价值变动收益;计算利润的费用是广义的费用,包括前述作为会计要素的费用、投资损失、营业外支出及相关资产的公允价值变动损失。[①]

利润包括收入减去费用后的净额、直接计入当期利润的利得和损失等。其中,收入减去费用后的净额反映的是企业日常活动的业绩,直接计入当期利润的利得和损失反映的是企业非日常活动的业绩。直接计入当期利润的利得和损失,是指应当计入当期损益、会导致所有者权益发生增减变动的、与所有者投入资本或者向所有者分配利润无关的利得或者损失。企业应当严格区分收入和利得、费用和损失之间的区别,以便更加全面地反映企业的经营业绩。

利润体现的是收入减去费用、利得减去损失后的净额的概念,因此,利润的确认主要依赖收入和费用以及利得和损失的确认,其金额的确定也主要取决于收入、费用、利得、损失金额的计量。上述是企业财务会计的六项基本要素,是财务会计报表组成项目的基本分类。可以将其分为两类:一类反映企业某一时期的财务状况;另一类反映企业某一时期的经营成果。

[①] 尹立中:《企业财务会计管理中的问题与措施》,《中外企业家》2022年第25期。

反映企业财务状况的要素是资产、负债和所有者权益，三者之间存在着下列数量关系：

$$资产=负债+所有者权益$$

上式通称会计平衡公式，是确立账户结构和复式记账法的基础。由于所有者权益是企业投资者对企业净资产的所有权，因而上式又可表述为：

$$资产-负债=所有者权益$$

由于负债属于债权人权益，所以上述等式也可表述为：

$$资产=权益$$

反映企业经营成果的要素是收入、费用和利润，三者之间存在下列数量关系：

$$收入-费用=利润$$

由于一定期间（如一年）的经营成果必然影响该期间终了时日（如年末）的财务状况，因此，以上要素之间存在下列数量关系：

$$资产-负债=所有者权益+利润（分配前）$$

$$或：资产+费用=负债+所有者权益+收入$$

上列公式综合地反映了一定期间企业资金运动（价值运动）的变动及其变动的结果。

第三节 企业财务会计规范

一、财务会计规范体系

财务会计规范,是会计人员正确处理工作所要遵循的行为标准,是指导和约束会计行为向着合法化、合理化和有效化方向发展的路标。为了保证会计信息的真实性、完整性和可比性,目前我国通过各种法律、财经法规和制度、企业会计准则、会计制度等予以规范。

我国会计的标准化经过几十年的改革,已经基本完成,会计法规体系已初步形成。该会计法规体系从立法的规划来看,大体有以下几个层次:

第一个层次是会计法律,指由国家最高权力机关——全国人民代表大会及其常务委员会经过一定立法程序制定的有关会计工作的法律,包括《中华人民共和国会计法》(以下简称《会计法》)和《中华人民共和国仲裁法》。《会计法》是我国会计工作的根本大法,也是我国进行会计工作的基本依据。它在我国会计法规体系中处于最高层次,居于核心地位,是其他会计法规制定的基本依据。其他会计法规都必须遵循和符合《会计法》的要求。

第二个层次是会计的行政法规,指由国家最高行政管理机关——国务院制定并发布,或者国务院有关部门拟定并经国务院批准发布,调整经济生活中某些方面会计关系的法律规范。其制定的依据是《会计法》,它通常以条例、办法、规定等具体名称出现。目前,会计的行政法规主要是1990年发布的《总会计师条例》,在新的形势下,对于总会计师、财务总监的地位,以及人员要求等内容需要补充。另外,2000年发布、2001年实行的《企业财务会计报告条例》,作为《会计法》的配套法律,对于企业会计的6大会计要素,进行了重新定义。①

  第三个层次是国家统一会计制度，指由国务院财政部根据《会计法》制定的关于会计核算、会计监督、会计机构和会计人员，以及会计工作管理的制度，包括规章和规范性文件。会计规章如《财政部门实施会计监督办法》《会计从业资格管理办法》《代理记账管理办法》《企业会计准则——基本会计准则》等。会计规范性文件如《小企业会计制度》《会计基础工作规范》《会计档案管理办法》《企业会计准则——具体准则》《企业会计准则——应用指南》等。

  第四个层次是地方性会计法规，指由各省、自治区、直辖市人民代表大会及其常务委员会在与宪法和会计法律、行政法规不相抵触的前提下制定发布的会计规范性文件，它是我国会计法律制度的重要组成部分。例如，计划单列市、经济特区的人民代表大会及其常务委员会制定的会计法规，如《深圳市会计条例》。

二、财务会计规范的具体内容

  以下主要介绍会计核算方面的法规，包括《中华人民共和国会计法》《企业财务会计报告条例》及新《企业会计准则》等。

（一）《中华人民共和国会计法》

  会计法是调整会计关系的规范，用来规范会计机构、会计人员在办理会计事务过程中以及国家管理会计工作过程中的经济权利和义务。我国于1985年首次颁布实施《会计法》，全称《中华人民共和国会计法》。本法1993年12月经第八届全国人民代表大会第五次会议决定修正，1999年10月再经第九届全国人民代表大会第十二次会议修正。

  1999年修订后的《会计法》共7章52条，称为新《会计法》。新《会计法》具有以下会计特征：强调了会计信息的真实、完整，严禁弄虚作假；突出单位负责人对会计信息的真实责任；特别关注公司、企业的会计核算；要求各单位强化会计监督。

---

① 张喜芹：《企业财务会计制度存在问题及对策》，《财经界》2018年第26期。

（二）《企业财务会计报告条例》

企业对外财务信息通常以财务会计报告的形式出现，为了规范企业财务会计报告，保证财务会计报告的真实性和完整性，我国于 2000 年 6 月 21 日依据《会计法》，由国务院制定和颁布了《企业财务会计报告条例》（以下简称《条例》）。在《条例》中明确了会计要素的确认和计量标准，规范了财务会计报告的内容构成、编制基础、编制依据、编制原则和方法。该条例于 2001 年 1 月 1 日起施行。

（三）《企业会计准则》

多年来，我国一直重视会计准则的建设，尤其是自改革开放以来，会计制度不断改革创新。财政部于 2006 年 2 月 15 日发布了包括《企业会计准则——基本准则》（以下简称《基本准则》）和 38 项具体准则在内的企业会计准则体系；2006 年 10 月 30 日，又发布了《企业会计准则——应用指南》，并自 2007 年 1 月 1 日起在上市公司施行，逐步扩大到其他企业。

随着《企业会计准则——公允价值》等准则的发布，我国又对《企业会计准则——金融工具确认和计量》等相关准则进行了修订。现行企业会计准则的施行，标志着我国构建了一套独立实施的会计准则体系；标志着适应我国市场经济发展要求、与国际惯例趋同的新企业会计准则体系正式建立，这是我国会计发展史上新的里程碑。本次改革的指导思想是尽力趋同、允许差异和积极创新。

我国企业会计准则体系由基本会计准则、具体会计准则、会计准则应用指南和会计准则解释公告等组成。

第一，基本会计准则。基本会计准则在整个准则体系中起到统驭的作用。一方面，它是"准则的准则"，指导具体会计准则的制定；另一方面，当出现新的业务，具体会计准则暂未涵盖时，应当按照基本会计准则所确立的原则进行会计处理。基本会计准则规定了整个准则体系的目的、假设和前提条件、基本原则、会计要素及其确认与计量、会计报表的总体要求等内容。

第二，具体会计准则。具体会计准则是指确认、计量和报告某一会计主体的具体业务对财务状况和经营成果的影响时所应遵循的准则。具体会计准则是根据基本会计准则的要求，针对具体的交易或者事项进行会计处理。在我国企业会计准则体系中，具体会计准则包括存货、长期股权投资、投资性房地产、固定资产等会计准则。按其所规范的内容可以将其分为三类。一是，一般业务准则。主要规范各类企业普遍适用的一般经济业务的确认和计量，如存货、投资、固定资产、无形资产、资产减值、借款费用、收入、外币折算等准则项目。二是，特殊行业的特定业务准则。主要规范特殊行业中特定业务的确认和计量，如石油天然气开采、农业、金融工具和保险合同等准则项目。三是，报告准则。主要规范普遍适用于各类企业通用的报告类的准则，如现金流量表、合并财务报告、中期财务报告、分部报告等准则项目。

第三，会计准则应用指南。会计准则应用指南是为促进新企业会计准则的顺利实施，对会计准则正文的进一步解释、说明，对具体准则的一些重点、难点问题做出的操作性规定，指导企业会计处理。它对于全面贯彻执行新会计准则具有重要的指导作用，对于为投资者提供更加有价值的信息具有全面的保障作用，对于建设与国际趋同的新准则具有划时代的重要意义。

第四，会计准则解释公告。会计准则解释公告是随着企业会计准则的贯彻实施，就实务中遇到的实施问题而对准则做出的具体解释。

第二章　企业财务会计与财务制度的控制

第一节　企业财务内控制度的设计

一、财务内控制度的整体设计

财务内控制度的整体设计可采用三条思路达成目标。

（一）三维立体的静态结构设计

一个现代企业的财务内控制度在总体上应该是组织、项目和流程三个方面的综合，具有三维立体性。

1. 关于项目维度

所谓项目，是指财务内控制度的基本单位。不同企业及同一企业的不同经理在项目数量上可能有不同选择。但是下列几方面必须充分考虑：①企业背景、战略和经营目标的要求。②管理的"粗细"。③体现COSO报告的总体框架。④涵盖会计控制、管理控制、业务控制和法规执行控制。此外，设计财务内控制度项目数量时，可参照组织的供应链来进行。例如，对制造企业来说，供应链可从顾客开始,由研究开发、设计、制造、营销、配运、顾客服务等组成。供应链可以转化为流程,流程又可分解为作业和任务,以此为基础便可确定财务内控制度的数量。

所有财务内控制度项目不应等量齐观。它取决于谁来设计内控制度项目。对证监会、中注协和注册会计师来说,会计控制可能最重要;对企业总经理来说,管理控制和主营业务控制可能最重要;而对车间主任来说,业务控制可能最重要;诸如此类,不一而足。另外,有些项目执行的结果是可以计量的,例如预算控制、成本控制等;而另一些项目的执行结果则属于非定量的或不能直接定量的,例如危机处理等。值得注意的是,预算控制、成本控制对任何组织来说都应该放在首位。[①]

2. 关于组织维度

所谓组织,在这里是指具有共同行动目标的人类群体。现代企业是一个组织。它可以分成高层、中层、基层和现场四个层级,每个层级由若干单位组成,每个单位有若干成员。按照 COSO 报告的思想,每个层级、每个单位、每个成员都与财务内控制度相关,应该参与财务内控活动。

从组织维度设计财务内控制度,需要考虑企业的控制目标、控制环境和控制方式,进而确定企业的管理跨度与管理层级、企业是实行集权制还是分权制,并建立使组织得以运行的保证——经济责任制度和岗位职责制度。组织维度设计得好可以营造良好的内控环境。

3. 关于流程维度

所谓流程,是指企业经营过程的一个阶段,由若干项作业组成,而作业由若干项任务组成。在制造业中,其经营过程有研究开发、设计、制造、营销、配运和售后服务等流程。每项流程,例如制造流程,包括材料入库、材料存储、材料搬运、加工、半成品搬运、成品入库存储、成品包装发运等作业。而每项作业,例如材料入库,包括卸载、验收、盘点、移动、摆放、记录等任务。特别重要的是,任务是由组织成员完成的,授权和责任在这里可以体现出来。在流程维度设计中,就是遵循这种相对的"流程—作业—任务"三个因素之间的依次关系进行。

---

① 阮磊:《内部控制与企业财务管理绩效研究》,吉林大学出版社,2019。

4. 项目、组织和流程之间的关系

简单说来，每个项目都是通过组织的层级、单位和成员按照一定的流程、作业和任务的要求来完成的。从流程、作业到任务，由于任务由人或组织成员来完成，因此，完成任务的成员组成单位、单位构成层级，从流程维度很自然地过渡到组织维度。换句话说，一个财务内控制度项目是由组织和流程组成，是一个二维体系，当企业存在多个项目时，就可形成由组织、流程和项目组成的三维立体框架。

（二）过程循环的动态结构设计

应该指出，现行财务内控制度设计上一个严重的缺陷就是没有将内控制度与公司总经理联系起来。

在动态上，财务内控制度不仅包括制定，还包括执行、对执行情况的计量或测试、对计量或测试结果的分析和报告、根据偏差进行整改等。这是一个完整的动态结构或系统。

1. 企业的远景、战略和目标

设计好财务内控制度之后，便是财务内控制度的执行。但对控制者来说，最重要的不是他去执行财务内控制度，而是保证执行者实现财务内控制度的目标。

2. 财务内控制度执行结果可计量与不可计量

实现财务内控目标的第一步是对财务内控制度执行情况进行计量或测试。对可计量的财务内控制度执行情况的计量通常由会计核算、结算和统计等途径取得，例如预算执行结果就可以从会计核算的结果得到。对不可计量的财务内控制度执行情况的计量通常由测试表来取得，例如对公司印鉴使用控制制度的测试就必须按照该制度的要求设计问卷调查表，从而了解该制度的执行情况。

应该说，一项财务内控制度的执行情况往往是可计量部分和不可计量部分并存。在这里，我们统统用测试表来表示对财务内控制度执行情况的计量或测试。

就操作层面而言，一家企业财务内控制度的测试可以分成综合测试和单项测试。前者是对全部财务内控制度项目的测试。在现代企业中，这主要是集团公司总部对子公司或二级经营单位财务内控制度的总体执行情况的测试，其测试表的结构按照COSO报告的整体框架设计。后者是对一个财务内控制度项目或一个相关的单位的测试，其测试表的结构也是按照COSO报告的整体框架设计。

3. 财务内控目标

实现财务内控目标的第二步是将财务内控制度执行情况计量或测试的结果与财务内控制度进行比较，然后做出判断。

第一，测试结果是否与财务内控制度相符？如果相符，控制者不做任何干预，由执行者或被控者照常继续执行；如果不相符，则过渡到下一个判断。

第二，偏差是否可以接受？如果可以接受，控制者不做任何干预，由执行者或被控者照常继续执行；如果不可接受，则过渡到下一个判断。

第三，财务内控制度是否符合实际？如果符合，偏差则导源于执行者，应进一步分析偏差的原因，拟定纠偏措施，并向控制者提供测试报告，控制者依据测试报告采取纠偏行动，干预执行者的执行过程。如果不相符，偏差则导源于财务内控制度，控制者则应采取修正或补充财务内控制度的行动。

第四，财务内控制度执行情况的测试报告作为一种媒介，将控制者和执行者、总经理的监督和下属的现场运作巧妙地连接起来，其重要性是不言而喻的。

第五，控制者依据测试报告采取纠偏行动有以下两种含义：

（1）直接干预

即控制者直接和强制性地要求执行者用控制者指定的行动方式取代原有的行动方式。例如，规定用办公室电话打长途必须登记，但因执行不严，致使电话费上升。其矫正措施可以是将电话上锁，钥匙由专人保管，强制性地让打长途的人进行登记。

（2）间接干预

即控制者制定和坚持一套行之有效的激励制度，通过激励制度"准自动化"地矫正执行者的行为。仍以电话费为例，控制者可以规定该办公室长途电话费超过100元部分由办公室成员承担50%。除非办公室成员不喜欢钱，不然，他肯定会调整自己的行为。

（三）以企业经营活动事件的常规性、非常规性和混合性为基础的结构设计

在一定意义上，企业经营活动是由一系列事件组成的，按照性质这些事件可分为常规性的、非常规性的和混合性的三类，据此，我们可以发现财务内控制度设计的另外一些思路。

1. 常规事件

在严格意义上，人们能够控制的只是常规性事件，所谓财务内控制度也只是相对常规性事件而言的，人们无法为那些非常规性事件设计内控制度。

2. 非常规事件

在设计财务内控制度时，并非不考虑非常规事件。因为非常规事件发生在财务内控制度控制的范围之外，属于企业风险，执行者往往利用这些事件的发生采取有利于自己而不利于控制者的行动。对此，至少应采取两种方法予以防范。

（1）设计非常规性事件的处理原则

应该注意，尽管人们无法预见非常规事件在何时何地以何种方式发生，但凭经验和理性可以知道可能发生的非常规性事件的类型。例如在企业中可能发生环保事故、财务危机、生产安全事故等。因此我们可以设计非常规事件或危机处理程序，包括处理原则、程序和权责等。

（2）用非控制方法弥补控制方法的不足

特别要营造健康的企业文化氛围，建立职业道德规范。健康的企业文化使企业大多数成员形成共同的价值观念，是形成企业凝聚力和企业成员归属感的基础，进而使企业成员热爱企业、关心企业。而职业道德在这里是指与企业成员的工作相关的规范，是一种稳定的职业心理和职业习惯。因此，企业应该为不同岗位的成员制定相应的职业道德规范，要以适当的形式强化健康的企业文化。只有这样，当危机发生时，才会有人主动报告和处理，不至于袖手旁观。

3. 混合性事件

在企业经营活动中，大多数事件既不是常规的也不是非常规的，而是混合性的。就此设计内控制度，需要考虑下列几个方面：

第一，混合性事件转化成非常规事件非常有可能，往往有征兆。因此，在设计财务内控制度时应该有相应的预防条款，防危机于未然。

第二，混合事件的存在表明，与此相关的财务内控制度本身就有风险，也就是说，并非按照财务内控制度去做就能完全避免错误。不能迷信财务内控制度，它是有局限性的。因此在执行财务内控制度过程中，对财务内控制度本身的评估是不可忽视的。

第三，混合性事件完全或在一定程度上转化为常规事件是可能的。例如未来外汇汇率走势是混合性的，人们可以通过套期保值使之转化为常规性事件。当然，这需要经验、知识和技巧。

二、单项财务内控制度的设计

所谓单项财务内控制度就是一个内控制度项目。这里将从按部门进行设计、按项目进行设计、按流程进行设计这三个方面予以讨论。

（一）按部门设计

部门是构成组织的单元。按部门设计财务内控制度应该注意下列几个问题。

1. 控制环境

将部门既看成组织中相对独立部分，又看成与组织中其他部门相互连接的环节，各个部门甚至形成一个投入产出的网络。进行部门财务内控制度设计时，首先要营造良好的控制环境。控制环境因素包括部门内每一个人的诚信、道德、价值和能力；管理层的管理理念和经营风格；管理层授权方式和发展其员工的方法，部门的组织结构和岗位设置等。而要形成良好的控制环境，就需要设置部门的组织结构和岗位，明确责任的分派和权力的授予，注重提高本部门员工的诚信和工作能力，奠定良好的控制基础。同时，还应发现该部门与其他部门的联系。

2. 分析、评估风险

分析部门在企业中可以涉及的项目，分析部门处于项目工作流程的哪一个环节，或属于流程中的哪一个作业链条之中，存在何种风险，部门需要参与哪些工作任务，在执行任务的过程中可能会遇到的风险种类及大小，初步评估部门面临的风险，进而确定关键控制点。

3. 控制活动

根据控制点确定所要进行的控制活动，进行责任和权力的具体分派，制定业绩考核标准。一个部门是由若干流程组成；一个流程由若干作业组成；一项作业由若干任务组成；一项任务由一个或几个人来完成；为了完成任务，每个人都必须被指定明确的责任。在部门设计中，可以按价值链或作业链来进行设计。

按作业链进行部门的财务内控设计，使部门明确在整个财务内控制度中自身涉及的内控项目有哪些，处于流程中的何种地位，部门既能保持一定的独立性，又能实现很好的衔接，集合各部门为整体，实现全企业的作业成本管理，可以将企业有限的经济资源合理地在部门之间进行分配，实现资源合理配置。

4. 建立部门内信息沟通

设计部门财务内控制度时，建立部门内部以及部门间的信息沟通，部门内上下级、同级、部门间能迅速取得他们在执行任务、管理和控制企业运营过程中所需的信息，并互相交换这些信息。

5. 监督

部门的财务内控制度应具有监督职能，包括例行的管理和监督活动，为确保财务内控制度的执行，还应具有协调小组，即纵向协调小组或横向协调小组。

财务内控制度设计后，应在部门内部进行测试，测试的基本方法是，以部门为基础，对部门的职能及岗位设置在财务内控制度中的实际执行功能进行测试。部门测试的结构可分为以下几个部分：部门的组织结构及岗位设置、部门应具备的功能、部门管理的权限及范围、人员的职责划分，部门的主要业务（分业务种类绘制流程图）、部门与其他部门的衔接（主要是业务上的衔接）。针对部门的测试主要看部门是否能够完成规定的职能，部门之间的职能是否存在重叠，部门之间职责的分配是否合理，是否符合财务内部控制的一些基本原则，是否存在有的环节大家都管而有的环节又无人问津的情况，管理上是否节约而有效。根据测试结果决定是否修订或增补该项内控制度。

（二）按项目设计

一个项目，有其自身的业务流程，跨越不同的组织部门。按项目设计应遵循以下步骤。

1. 分析每个项目的组织维度和流程维度

即分析在执行该项目时涉及哪些部门、部门的层级、部门之间的相互关系怎样，组织结构如何，以及该项目会牵扯哪些业务流程。同时分析在执行项目时可能面临的相关风险，然后按项目的业务流程来进行具体设计，根据执行项目的环节和流程，确定控制点，从组织和流程两方面来制定相应的财务内控制度，即项目的审批、授权、核实查证、权责分离、确保资产安全以及检查等，还应建立完善的信息和沟通以及监督机制。

2. 制定项目财务内控制度的执行测试方法并形成测试报告

在项目设计中，设计一套财务内控制度的制定、执行、测试、测试报告程序，来考证项目的组织结构方面，包括层级、单位和责任是否合理，以及项目的业务流程方面是否能进行实际操作。

3. 设计项目财务内控制度的修订和增补程序

形成测试报告后，就可以根据报告结果决定是否对该内控制度进行修订。经由内控制度的制定、执行、测试、报告、修订等一系列循环周转的过程进行项目内控设计，使制定的内控制度符合企业实际，具有操作的可能性。

（三）按流程设计

按流程设计，是对企业某项业务流程的控制制度进行设计，如对销售流程、采购流程进行内控制度的设计。一个业务流程中包括若干作业，而每项作业又由若干任务组成。按流程设计的思路可以按如下几项制定：

第一，明确业务流程的工作环节的前后衔接，确定流程的投入与产出。

第二，明确业务流程中涉及的作业，作业间的相互关系，建立一条作业链，并制定每一作业的作业标准，根据每一项作业的投入与产出，制定相应的考核指标，即将总投入与产出指标进行细化，并落实到每一项作业中。

第三，明确每一项作业的任务组合。对每一项任务规定出相应的标准，即制定完成任务的指标，包括量化指标和非量化指标。

第四，将每一项任务落实到执行任务的每一个组织成员。即用上述量化和非量化指标作为考核组织成员的业绩指标，同时任务需要落实到组织、单位直到个人。在一项业务流程的执行过程中，又可能涉及不同的内控项目，即组织、项目、流程的三维组合。需要注意的是，上述流程设计必须建立在企业的业务流程比较合理的基础之上。为了达到这一点，就应对企业的业务流程进行优化分析，进行业务流程再造。

第二节 企业财务内控制度的构建

一、从企业管理模式上建立内部控制体系

（一）完善公司法人治理结构

通过公司法人治理结构的健全来完善企业决策、执行、监督机构的设置，能够使企业在经营运转过程中科学运营、合理制衡，从而达到保障企业运转顺畅、健康发展的目的。

公司法人治理结构由股东大会、董事会、监事会、高层经理组成。其中股东大会是公司的最高权力机关；董事会是公司的最高决策机构；监事会是公司的监督机构；企业经理层为执行机构，包括总经理、副总经理等高层管理人员，由总经理领导公司日常经营管理工作，行使公司章程规定和董事会赋予的职权。

其中，董事会的设置和总经理负责制的落实是关键。董事会是企业内控体系的核心，董事会的作用主要在于依靠群体的力量提出合理化意见，通过多元意识，集思广益，避免企业走向偏差。董事个人的能力、素质和品质是决定董事会能否忠实地履行职责、维护企业利益的最重要的因素，因此董事会人员方

面要精心进行整合，一般从以下三方面予以考虑：一类是从事本行业多年，对各个环节、流程、基本造价都较为了解的专业人才；二类是从事本行业的多年高级会计人员，对财税事项、公司融资、盈亏核算有常年工作经验；三类是高端管理人才，了解企业经营管理、员工心理。[①]

总经理负责制是企业内控具体化的关键环节。总经理是结合以上董事会成员的意见，进行具体执行和操作的人员。作为企业的高层领导者，总经理应对公司的各项运营过程、生产流程了如指掌，可正确地提出决策意见、采纳合理建议并发现下属在执行过程中的问题并及时纠正。以企业高层管理作为一级监督管理，做到合理的内控。

（二）设置预算部门

目前，预算已经成为一个企业经营不可缺少的部分，究其原因在于越来越多的企业意识到预算工作的重要性。为便于预算管理工作的开展，可将预算管理职能设置在经营部或计划部，通过年度、月度预算等形式，根据目标编制企业的经营、资本、财务等收支总体计划，合理制定下一阶段项目所需花费限额，从根源上对项目的各个环节进行预控和规划，从而达到优化企业资源配置的目的。所以以预算管理为手段，就是通过目标设定，起到内控的目的。

（三）发挥审计部门的作用

审计是在各项经营活动结束后，对各项账目进行审核计算，以数据的形式反映，在运营过程中是否合理进行资源消费，是否保质保量完成企业目标，是否有错乱账现象，并以报告的形式出具审计结果，从而保证企业内控的完善。

[①] 郑凌洁、冯玉清、刘鸣：《企业财务管理与共享模式的内部控制》，中国石化出版社，2022。

二、从企业规章制度上保障内部控制

(一) 建立有效的考核与奖惩制度

国有国法,家有家规。企业应具备完善的企业制度来规范员工的行为。考核与奖惩制度直接与收入、效益、业绩挂钩,是企业中最能鼓舞士气、促人上进的制度,所以在制度制定中要使员工感到制度的公平与合理,从而调动员工积极性,变被动工作为主动自觉完成任务,实现企业经营目标,降低经营成本。

(二) 明确企业各岗位职责

企业要明确岗位设置与相应的职责承担,做到分工明确,职责清晰。如果分工不明,则会出现工作推诿扯皮、利益争夺的情况,最终导致工作效率差,影响企业整体利益。所以要明确各岗位之间的责任,不互相重叠,以免造成人力、财力的浪费,避免存在一事多人办、多人办不了一事等现象。在工作开展中,既要使各部门做到协调有序、配合得当,又要适当相互牵制、互相制约,做到既减少矛盾与内耗,又避免权力过于集中、缺乏监督,从而起到内部互控的作用。

(三) 资产安全控制制度

企业的资产包括办公用品、文件资料、企业与个人档案、供销合同、物资材料、加工器具、生产机械、包装物品、消防器材等,品种多样,纷繁复杂。所以要制定企业资产制度,重点加大对固定资产和大宗资产的购进、折旧、报废、更新等各环节管理,制定资本性支出预算,严格大宗资产购进和审核把关程序,严格各类资产的登记与保管,从而起到安全防控作用,防止损坏、丢失与浪费。

(四) 人力资源制度

强化企业内部控制要坚持以人为本这个根本点。人是执行、落实各项制度的主体,所以从源头上讲,人力资源管理对于人力的使用是至关重要的。重要的岗位除了要考核员工技术外,更要考察员工的道德品质和素质素养。有技术有品质的重用，有品质无技术的培养用，有技术无品质的限制用，无技术无品质的坚决不用。这样才能从根本上确保企业各项制度得到有效落实，才能确保内控作用的有效发挥。

三、从企业文化方面强化内部控制

企业文化是一个企业的灵魂，是企业员工的核心凝聚力与奋斗目标。企业文化的树立就是企业品牌的树立、团队精神的树立。企业文化可以使员工自身得到升华，提高职业道德，树立忠于职守、廉洁奉公、遵纪守法、客观公正的道德观，从而使企业内控制度得以更有效地落实、执行和发挥。

第三节 企业财务内控制度的评价

一、财务内控制度的评价程序

企业财务制度的评价通常包括调查了解、实施测试、分析评价三个步骤。

（一）调查了解

对财务内控制度评价的第一步就是认真调查该企业的财务制度，充分了解各经营环节与主要业务的现有控制措施。比如，阅读有关规章制度和方针等文件，查看组织机构或业务程序系统图，与企业有关部门人员进行座谈或询问，还可以深入车间、工地或仓库进行实地考察。在调查过程中，应该着重了解以下方面。

1. 财务内控制度的可靠程度

明确各项制度控制的目的是什么，控制功能如何，是否达到预期目的。例如，能否保证经济业务的合法性、合理性、计价和计算的正确性；是否有利于维护资产的完整和安全；能否防止会计记录出现差错等。

2. 财务内控制度的措施和方法

主要是了解为实现特定控制目的而建立了哪些措施或方法，它们的设计是否合理、充分、有效，或是存在哪些缺点和薄弱环节。

3. 各部门（或各环节、各子系统）财务内控制度的协调性

由于企业中各部门的经济业务具有内在联系，所以要调查主要经营环节与业务的内部控制能否相互衔接和配套，使企业生产经营处于良性循环之中。调查人员对已掌握和了解到的情况要予以适当描述，填制工作底稿，以便进行必要的测试、审核和评价。一般来说，财务制度描述的方法有三种，现分别简述如下。[1]

（1）文字概述法

采用书面形式，并通过文字简要说明了解和调查的现行财务内控制度。通常是按照不同的经营环节和主要业务，分别说明各自的特征、人员分工、有关的财务控制措施与方法、各种业务文件、凭证表格和会计记录的编制要求与有效地点等。

（2）调查表法

调查表法是按预先设计的表格形式，通过征询来了解该企业财务内控制度的强弱情况。这种调查表分别对各个经营环节或主要业务的关键措施列出一系列征询问题，并为每个问题设置"是""否""不适用"和"备注"等答案专栏。"是"栏表示肯定；"否"栏表示否定，即指明可能的内部控制缺陷，它通常还进一步分为"轻微"和"严重"两栏，表示否定的程度；"不适用"栏表示该控制措施不适用企业；"备注"栏用以说明问题答案的资料来源或补充解释等。这种方法的具体运用是调查人员通过向企业有关人员询问、实地观察和查阅有关文件凭证，逐一填写调查表上的各个问题，即在相应的答案栏目内标上符号。当调查表填制完毕，就可以大致了解企业各经营环节或主要业务的内部控制情况。

---

[1] 吴宗奎：《现代企业财务管理与内部控制研究》，吉林出版集团股份有限公司，2020。

(3) 流程图法

这种方法主要是了解企业各项经济业务处理程序及其内部控制情况。如果企业原来绘有流程图，调查人员就可以通过原有流程图了解企业的内控过程。如没有现成流程图，调查人员就要通过现场了解或实地观察后进行绘制。

（二）实施测试

调查人员在对某一企业的财务内部控制制度进行调查、了解和描述后，对其特征、功能和优缺点是能有一个基本认识的。但是，企业建立了财务内部控制制度并不等于它在实践中能达到预期的控制目的。财务内控制度能否发挥作用，还取决于它的实际执行情况与结果。所以，调查人员必须对企业的财务内控制度的贯彻执行情况进行评审，即"符合性测试"。

符合性测试一般是根据企业不同的特点，或不同的业务环节及其管理要求，采用抽查的办法来测定现行财务内控制度是否有效执行，是否达到预期目标。其测试方法一般是从大量的经济业务或有关记录凭证中，选取一定数量的样本，加以认真审阅、复核，据以判断内部控制制度的有效性和执行程度。比如，销售发票上是否有有关审核人员的签字；收料单上填写的规格、数量、金额与购销合同的规定和供货单位的销售发票的记录是否一致；内部控制制度是否得到贯彻；等等。符合性测试包括以下两种类型：

1. 业务测试

业务测试，也叫程序测试，是对企业的重要经济业务进行检查，以明确各项业务的处理程序是否执行有关制度规定或控制措施。一般情况下，要根据企业的经营环节或主要业务划分若干子系统，如销售与收入、购货与支出、生产与成本计算、存货计价与盘存方式、固定资产折旧的提取与使用、投资与回收、费用预提与推销、利润的形成与分配等，可以结合起来进行测试。

2. 功能测试

功能测试侧重于各项控制措施，而不是经济业务的处理过程。例如，采购业务要以业务部门的请购单以及购货经济合同为依据，进行采购、结算和付款，而不是经理和采购人员凭个人主观意识就可以执行；又比如，核对工资账册和考勤记录以及生产记录是为了测试其正确性和真实性等。在实务中，各种控制功能及其作用概括为：合法性、有效性、完整性、真实性。它们是保证内部控制制度正常运行的基本条件，必须重点核查能否实现它们的控制目的。

进行符合性测试也要做好测试记录，载明测试的项目、程序和数量。

（三）分析评价

在对现行财务内控制度进行符合性测试之后，必须公正地对其进行评价，分析评价主要包括以下几方面。

1. 确定财务控制的可靠和有效程度

根据测试结果，调查人员可以对财务控制的实际效果做出如下三个档次的评价。

可靠和有效程度高。具有健全的财务内控制度，所有的控制目标基本达到，各种控制制度都符合内部控制的原则，能有效地发挥其控制作用，施控者的素质和经验能胜任控制职能，受控者能协调实现控制目标。比如，所有收支的记录是真实、及时和公允的，各项业务的处理都经过授权和审批手续，资源得到妥善保护和优化配置等。

可靠和有效程度一般。财务控制较好，但存在一定的差错或缺点。在这种情况下，调查人员必须扩大符合性测试的范围或抽查样本数量，或者增加对经济业务和财务报表项目的实质性测试。

可靠和有效程度低。财务控制明显无效，企业的经济活动处于失控状态，差错屡屡发生。对这种情况，符合性测试已经失去意义。因此，调查人员必须充分扩大对经济业务和财务报表项目的实质性测试范围和数量，并通过认真详尽的调查，以最后做出调查结论。

2. 分析财务控制的薄弱环节及其影响

通过对财务内控制度评价，既要指出财务控制较健全和完善的环节，也要发现控制的薄弱环节，并分析其可能导致的影响，以免酿成更大损失和错误。财务控制弱点分析包括以下内容。

分析是否有补偿性控制。所谓补偿性控制是能替代控制弱点的其他控制。这种控制能消除该控制弱点可能带来的影响。比如，财务部门没有参与签约"购货合同"，这属于控制弱点，但财务部门可制定并实施严格的购货结算审核控制措施，来达到补偿性控制的目的和效果。一般来说，在每类经济业务处理过程中，控制弱点出现得越早，获得补偿性控制的机会就越多。

分析控制弱点是否会产生潜在错误。比如，销售科没有专人审核销售发票，它的潜在错误可能是收款时发生错误，因而，需要分析它对经济信息和经济效益的影响程度。

分析潜在错误是否以假乱真。比如，销货收款员或现金出纳员利用控制弱点挪用，仓库保管人员利用控制弱点私分等。因此，对有潜在错误的内部控制弱点应设计有关证据收集程序。

二、财务内控制度的评价报告

通过对被评审财务内控制度的企业进行一系列的测试、调研和评价后，评审人员应当针对该企业财务内控制度存在的弱点提出一些合理的建设性意见或交换性意见，并以书面报告的方式递送管理部门。一般来说，评审财务内控制度的报告，至少应包括以下内容。

（一）财务内控制度的完整程度

财务内控制度的完整性，一方面是指企业根据生产经营的需要，应该设置的内控制度都已设置；另一方面是指对生产经营活动的全过程进行自始至终的控制。完整性是财务内控制度评价一般标准中首要的一条，若财务内控制度的完整性达不到，则财务内控制度的合理性和有效性就无从谈起。理解财务内控制度的完整性，还要认识到内部控制本身并不是一个单独的管理制度或者管理活动，其实质上是一个发现问题、解决问题、发现新问题、解决新问题的循环往复的过程。

1.财务控制及其制度方面

第一，财务控制的水平是否适当，内部审计工作是否有力度，现行的财务控制及其制度能否有效地制止内部人员贪污、渎职、盗窃、浪费。

第二，财务会计系统能否及时地提供有关决策方面的有用信息。

第三，成本、费用的分类能否满足企业决策及有关法规的要求。

第四，财务会计处理过程中是否应用最新的理论、方法或技术，以及信息载体（证、账、表）。

第五，企业的会计年度与经营周期是否一致，会计政策是否需要修改和完善。

第六，企业会计基础工作是否稳固、扎实。

第七，机构设置以及人员配置是否合理和有效。

第八，企业的财务处理技术与设备是否与其经营规模相协调。

2. 内部管理控制方面

应考虑计划的制定及其科学性，组织机构的设置及其科学性，管理责任及其分工与协调，决策的程序和依据以及结果，通信和信息网络的建立，目标和决策实施的控制，等等。

（二）财务内控制度的合理程度

财务内控制度的合理性，一是指财务内控制度设计和执行时的适用性，二是指财务内控制度设计和执行时的经济性。在评价财务内控制度的合理性时，适用性是首要的，它是指企业所建立的内部控制制度适应企业的特点和要求。对一个特定企业来说，评价财务内控制度的适用性要考虑到：控制点的设置是否合理，在需要控制的地方是否建立了相应的控制环节，控制能否划分清楚，人员间的分工与牵制是否恰当等。然而，财务内控制度的适用性要以经济性为限制条件，财务控制的最终目的是提高企业的经济效益，减少低效和浪费，因而制定财务控制要考虑成本效益原则。

（三）财务内控制度的有效程度

财务内控制度的有效性，一是指企业的内部控制政策和措施没有与国家法律法规相抵触的地方；二是指设计完整合理的内部控制能够得到贯彻执行并发挥作用。有效性是内部控制的精髓，财务内控制度的有效性以其完整性和合理性为基础。财务内控制度的完整性和合理性则以其有效性为目的。有效性要求财务内控制度能有效地防止错误与舞弊的发生，从而产生效率和效益。

第三章 企业财务会计与财务组织结构的控制

第一节 企业组织结构的设计

一、组织结构设计的原则

企业组织结构是企业财务内控制度完善的一个重要方面,一个好的企业财务内控制度要通过与其相适应的组织结构完成。实践证明,一个不适宜的组织结构必将对企业财务内控制度产生巨大的损害,它会使良好的财务内控制度设计形同虚设。一个好的组织结构应当具备以下条件:①层次清晰,每一个层次的权利和责任都非常明确;②层次不能太多,一般从最高级主管到底层员工不应超过四级;③能独立决策、核算的部门应尽量独立决策、核算;④所有的内外部信息能及时、准确地传达给需要知道这些信息的人。同时应考虑遵循以下原则。[1]

---

[1] 刘红霞:《企业战略、价值发现与财务组织体系创新研究》,经济科学出版社,2017。

（一）权责对等原则

职权与职责必须相等。在进行组织结构规划时，要明确规定组织中每一管理层次和每个部门必须完成的工作，而为了从事一定的工作，都需要赋予一定的人、物、财等资源。因此，为了保证"事事有人做""事事都能正确地做好"，不仅要明确各部门的任务和责任，在组织规划中，还要相应地就这些部门取得和利用人、财、物以及信息等的权利，进行明确的规定。必须注意的是，分派的职责和赋予的职权必须相匹配，只有职责而没有职权的组织机构是没有动力和效力的机构，只有职权而没有职责的机构是失控的机构，因此，财务组织结构规划应当保证每一管理层、部门和岗位的责任与权利相对应。

（二）分工协作原则

分工就是按管理专业化和提高工作效率的要求，把组织目标分成各级、各部门乃至每个人的目标和任务。企业内部要合理分工，使各层级、各部门和每位员工都能清楚地了解自己在实现企业总目标过程中应承担的职责和拥有的权利。不相容的职务必须分离，相关机构和人员应相互制约，科学划分职责权限，形成相互制衡的机制。企业目标的实现，需要销售、生产、研发、财务、人力资源等部门的密切配合，企业管理层必须协调好各部门之间的关系，财务部门进行管理活动时，也要注意与其他部门的配合与协作，例如，在编制年度经营计划时，要与企业内各部门充分沟通，只有在此基础上完成的财务预算，才能真正成为企业财务控制的有效工具。

（三）目标一致原则

首先，企业组织结构的设计应当与企业的经营战略和经营目标相一致。例如，企业面临发展机遇，要开拓新的事业，企业组织就应当增加一个或几个新的部门；反之，一旦市场不景气，企业组织就要采取收缩战略，压缩编制。其次，企业组织结构的设计，应当与企业内部财务控制的目标相一致。企业内部财务控制的目标是尽可能减少经营管理过程中的工作失误和舞弊行为，提高企业资源的利用效率，从而使企业价值最大化。为此，企业在设计组织结构时，在整体上必须体现组织内部的控制线路和控制关系，以确保发布指令、传递信息的畅通，以及明确各个管理层次之间管理与被管理的关系；在具体环节上必须体现控制内容，选好控制点及其采取的合理、科学、可行的控制方法，以确保各项具体工作过程的顺利进行。

（四）系统性原则

系统性原则是指企业内部组织机构的设置应正确处理各组织机构纵向和横向的关系，实现系统性的要求。在纵向关系中，一般表现为下级对上级负责的领导与被领导的关系，强调强制性；在横向关系中，一般表现为地位平等的分工协作关系，强调市场性。在内部财务控制系统的规划中，必须使不同功能的组织机构之间实现系统化，只有这样，才能实现控制系统的功能。

二、组织结构设计的要点

组织结构的类型虽多，但任何一个组织结构都存在三个相互联系的关键问题：①控制层次的划分；②部门的划分；③职权的划分。因此，合理的组织结构设计就必须正确处理这三个问题。

（一）控制幅度与控制层次

控制幅度是指一个管理人员所能有效地直接领导和控制的下级人员数量。管理者直接领导的人数越多，控制幅度越大，反之越小。控制层次是指组织内纵向管理系统所划分的等级面，实质是组织内部的纵向分工。在其他条件相同的情况下，控制幅度越大，控制层次越小，控制效率越高，但如果控制幅度过大，组织的绩效也将受到影响。

控制幅度受许多方面因素的影响：有领导者方面的因素，如领导者的知识、能力、经验等；也有被领导者方面的因素，如被领导者的素质、业务熟练程度和工作强度等；还有控制业务方面的因素，如业务的复杂程度、所承担任务的绩效要求、工作环境的复杂性，以及信息的沟通方式等。因此，必须对上述各方面因素予以综合考虑，根据组织自身的特点来确定适当的管理幅度和相应的管理层次。

（二）集权与分权设计

在集权的组织中，决策权在很大程度上向处于较高管理层级的职位集中；在分权的组织中，决策权则在很大程度上分散处于较低管理层次的职位上。考察一个组织的分权程度，不在于形式上是否有更多的子部门或管理层次，而在于决策权是保留还是下放。

企业的集权与分权是相对的，而且各有利弊，集权的优势在于能够保证企业整体的控制与协调，局限性在于一方面限制了中下层的管理积极性，另一方面也不能保证决策的及时性；分权则相反。因此，在对集权和分权进行规划时，应根据企业的具体情况，实现两者的有机结合。通常情况下，影响分权程度的因素有：决策的重要程度、企业的经营战略与经营规模、管理者的数量与质量等。

（三）直线与参谋

在组织中，直线与参谋是两类不同的职权关系。直线关系是指挥和命令的关系，授予直线人员的决策与行动的权利；而参谋关系是服务与协调的关系，授予参谋人员的是思考、筹划与建议的权利。人们通常把那些对组织目标的实现负有直接责任的部门称为直线部门，如生产部门、销售部门等；而把那些为实现组织目标协助直线人员有效工作而设置的部门称为参谋部门，如人事、财务等部门。

正确处理直线与参谋的关系，充分发挥参谋人员的作用，是发挥组织中各方面力量协同作用的一项重要内容。然而在实践中，直线与参谋的矛盾冲突，往往是造成组织缺乏效率的重要原因之一。通常存在两种不同的倾向：要么保持命令的统一性，但参谋作用不能充分发挥；要么参谋作用发挥失当，破坏了统一指挥原则。正确处理两者的矛盾关系，一方面要求参谋人员经常提醒自己"不要越权"；另一方面，也要求直线人员尊重参谋人员所拥有的专业知识，取长补短。

第二节 企业财权的分层配置

一、股东大会的财权配置

（一）股东大会的功能定位

股东大会是公司财务组织结构的一个有机组成部分并且掌握着对公司的最终控制权，所以必须了解股东大会的基本功能及其运作机制。

股东大会是由公司全体股东组成的，决定公司经营管理、股东利益事项和其他重大事项进行决策的最高权力机构。股份有限公司是由全体股东出资而组成的，公司财产的所有权属于全体股东，因此，公司的最高权力属于全体股东。由于公司是独立的法人，股东要表达自己的意志、行使自己的权利，必须通过合法的机构来实现。股东大会就是股东实现自己意志、行使自己权利的机构。公司的一切重大事项如公司章程的变更、董事的任免、公司的解散与合并等，都必须由股东大会决议。有关公司经营的重大方案如投资计划、财务预决算、利润分配等都必须由股东大会审议批准。

（二）股东大会的运行机制

股东大会作为最高权力机构，拥有选择经营者和重大经营管理等决策权。但股东大会并非常设机构，也不能代表公司对外从事公司行为，其权利行使主要是通过股东大会决议的方式进行。股东大会的召集方式分为年度大会和临时股东大会两类。年度股东大会对于保护广大中小股东利益、发挥股东大会治理功能至关重要。年度股东大会对重点事项的审议和决策，在财务治理方面主要集中在财务收益分配权和财务特别决策权行使方面，也包括企业财务决策权及财务监控权的授权与约束等方面，因此其治理功能是尤为重要的；临时股东大会在财务治理方面一般涉及财务特别决策权行使情况较多，这对于加强股东大会财务决策功能也非常重要。①

（三）股东大会的财权结构

股东大会拥有的财权主要有：①财务收益分配权。这是股东大会所特有的一项财权，是不能拿出来进行分配和共享的。②财务决策权。包括重大投资权、重大融资权、财务预决算审批权、利润分配与亏损弥补批准权、注册资本变更处理权、重大资产处置权等，这些权力只能由股东大会行使，不能委托给董事会。③财务监督权。包括对董事会的财务监督权。上述各项控制权的归属是从理论上来确定的，实际归属取决于当事人之间的讨价还价，或者说当事人间的博弈。随着机构投资者所持的股份数量越来越多，机构投资者又具有相应的法律、财会、经营等方面的知识，所以机构投资者通过股东大会选任董事、监督经营者、决策等重大事项方面发挥作用。

二、董事会的财权配置

（一）董事会的功能定位

董事会是由股东在股东大会上选举产生的。董事会作为股东的代表对经理阶层进行监督和控制，并批准关联公司的重大决策。董事会与股东大会的关系是一种信托关系，董事会作为股东的受托人，承担受托责任，负责托管股东的财产并对公司经理阶层的行为进行监督，以维护股东的利益。一旦董事会受托来经营公司，就成为公司的法定代表人，正常情况下股东不得干涉董事会的工作。董事会作为行使法人财产权利的机关，其主要职责是对企业经营进行战略决策并对经理人员进行有效的监督，从这个意义上说，董事会是企业治理控制层次的核心，对董事会的功能定位应当体现董事会决策控制权及相应的监督权。

---

① 蔡维灿：《财务管理》，北京理工大学出版社，2020。

（二）董事会的基本组织模式

从董事会的基本组织模式看，各国存在较大差别，主要分为：单层制董事会和双层制董事会。不同的董事会组织模式对企业财权在董事会层次的配置方式影响很大，产生的财务关系也不尽相同。

1. 单层制董事会

单层制的董事会由执行董事和独立董事组成。这种董事会模式是股东导向型的，美、英、加、澳大利亚和其他资本市场发达的国家一般都采用这种模式。单层制董事会将企业财权主要集中在董事会，通过下属执行委员会、审计委员会等专业委员会行使企业财务决策权、财务监控权等，这将有利于加强董事会财务控制能力，提高企业财务决策效率。由于单层制董事会主要对股东负责，将企业财务决策权、财务监控权等权能集中行使，一方面与企业的财务关系比较紧密，但另一方面也导致不能充分考虑债权人、企业员工等利益相关者的制衡作用，容易形成"内部人"控制现象，一定程度上影响了其财务治理效率。

2. 双层制董事会

在这种模式下，一般来说由一个地位较高的监督董事会监管一个代表利益相关者的管理董事会。监督董事会全部由非执行董事组成，它所承担的是董事会的第二大职能即评价与监督职能，而管理董事会全部由执行董事组成，它所承担的是董事会的第一大职能即经营决策职能。很明显，在这里，对执行人员的监督是外部化的，即独立于管理董事会，同时又是专职化的，即作为监督董事会的主要职能。这种董事会模式是外部导向型的。双层制董事会将企业主要财务权力集中在地位较高的监督董事会，在保留财务监控权的基础上，将企业财务决策权授予管理董事会，在董事会内部形成了有效的财权制衡关系。这一模式强调了财务监控的重要性，董事会相对于企业较为独立，这种财务关系将有利于减少"内部人控制"现象和部分代理成本，但对提高财务决策效率并不十分有益。

（三）董事会内部的财权配置

在现代公司制下，一般董事会的组成人员分为内部董事和独立董事，前者担任具体业务的执行,后者则在参与董事会决议之余通常有业务核查和业务监督之权。在董事会中,通常还分为若干专门委员会,由这些专门委员会行使对董事会经营决策的监督。

1. 董事会人员构成及其职能分工

董事会的人员构成应当以能够发挥董事会的作用为条件标准,主要包括董事会成员的独立性,成员的个人素质、知识、经验等方面的要求,以及董事会成员承担义务的时间、精力等要求。董事会一般由内部管理董事和外部独立董事组成。内部管理董事与外部独立董事的不同比例构成代表了公司董事会治理的不同价值取向,直接关系到财务控制效率的高低。保持董事会中内部管理董事与外部独立董事之合理比例,是董事会履行其职能的需要,不仅如此,它更是权力制衡的需要,是防止董事会被执行人员控制和操纵之需要。一般认为,独立董事在董事会中所占比例逐步扩大,可以加大财务监控、制衡力度。能够有效减少侵害中小股东的合法权益等现象。并且,独立董事对优化董事会知识结构具有重要意义。

2. 董事会专门委员会的设立及职能权限

董事会可根据企业规模和决策事务的繁杂程度,设置一个或若干个常设委员会。董事会的治理结构最终做到明晰和完善,需要专业化的技巧,即应该分清董事职责,细化内部分工和权力制衡。从财务治理角度,专业委员会所起到的财务决策、制衡及监督作用非常重要,尤其在"一元"单层制董事会组织模式的英美国家,这种精细化的职能分工结构的治理作用显得尤为关键。董事会内部专业委员会一般常设财务委员会、审计委员会、投资委员会和提名委员会等,这些专业委员会对企业财务决策权、财务监控权及财务执行权进行具体的配置,并专门负责某一治理方面,这对加强董事会财务决策、监督能力,提高董事会财务治理效率具有非常重要的意义。

根据各大公司的实践,设立直接隶属董事会的财务控制专门委员会是必要的,而委员会的数目应该视各公司的实际情况而定。公司可以根据财务控制的内容设置专门委员会,也可以依据公司自身财务控制的侧重点设置委员会,甚至可以只设立一个财务委员会统领所有财务控制工作。为了强调董事会在财务控制中的职能,分别就财务、审计、投资决策三个委员会的职责进行阐述。

（1）财务委员会

财务委员会的工作主要包括预算管理、业绩评价与财务制度制定三个方面的财务控制。业绩评价是公司在预算执行情况的基础上，依据财务和非财务指标对企业内各个经济实体的经营者所进行的内部管理业绩进行评价的活动。财务委员会在业绩评价方面的职责主要包括：①依据公司的特点制定适用于整个公司的业绩评价基本原则，送交公司董事会批准；②对公司总部计财部拟定的财务业绩评价指标体系进行审阅，送交董事会审议；③依据整个公司的预算执行情况，对公司总部的总经理以及管理层进行财务因素的业绩评价，并将评价结果送交集团董事会，作为薪酬制定的依据之一；④对公司内部各成员企业的业绩评价工作进行指导，负责协调业绩评价工作中的关系；⑤在公司的业绩评价基本原则和指标体系的基础上，监督各成员企业的业绩评价工作，如有违反基本原则的情况，给予相应的纠正、处罚。

财务制度是实现财务资源配置与使用秩序化、高效率性，督导公司整体财务战略得以遵循与贯彻实施的核心保障。财务委员会在财务制度管理方面的职责主要包括：①依据公司的战略目标与战略规划，制定基本财务制度（草案），报送公司董事会审核批准；②适应外部环境和公司内部管理的需要，对公司基本财务制度进行调整变更；③针对基本财务制度在实施过程中可能出现的各种问题，拥有最终解释权；④督促、指导公司各个管理层次实施公司基本财务制度；⑤在不违反基本财务制度的基础上，批准各级财务机构的财务制度制定权。

（2）审计委员会

董事会下设的审计委员会是统领整个企业内部审计工作的最高权力机构。审计委员会由三至七名董事组成，独立董事占多数，委员中至少有一名独立董事为专业会计人士，审计委员会设主任委员一名，由独立董事委员担任，负责主持委员会工作。审计委员会的主要职责是：①审查独立审计公司的业务能力，参与选定合格的独立审计公司；②审计前与独立审计公司就审计的范围和程序进行协商讨论；③复查审计结果，并提出有关建议；④针对独立审计公司的业务能力和独立性，通过公司总部董事会向股东大会提出更换独立审计公司的建议；⑤在日常生产经营活动中，监督、审查公司内部财务活动；⑥组织针对公司总部及下属企业的分类定期审计和不定期的专项审计；⑦向董事会提交具体执行内部审计工作的审计员候选名单及其相关资料,并由董事会提交股东大会审议通过;⑧针对内部审计员的工作,制定符合内部审计工作特点的业绩评价标准体系,提交董事会审议通过;⑨考察内部审计员的工作效率与效果,向公司总部董事会、股东大会提供各个审计员的业绩考核报告。

(3)投资决策委员会

公司总部董事会是整个公司发展战略的决策机构,而在董事会下设置的投资决策委员会则是公司发展战略中投资战略的执行机构。投资决策委员会一般由董事构成,但也应注意引进一些投资专家,提高投资战略、方案制定的专业性。投资决策委员会的职责主要包括:①向公司董事会、股东大会提出符合公司发展战略的投资政策;②规定公司各级成员企业的投资权限及投资方式,拟定公司投资管理相关政策办法,并提交董事会审议;③针对潜在重大影响的投资决策提出建议,并提交董事会审议;④根据公司投资管理政策或办法,督促、指导各下属企业的投资活动;⑤对实施中的投资项目进行监控,并定期做出调查与评价。

三、监事会的财权配置

(一)监事会的功能定位

监事会的基本职能是监督公司的重大经营活动,以董事会和高层管理者为主要的监督对象。在监督过程中,随时要求董事会和高层管理者纠正违反公司章程的越权行为。为了完成其监督职能,监事会成员必须与高层管理者保持沟通,以便了解公司的重大经营情况,同时对业务活动进行监督。监事会向股东大会报告监督情况,为股东大会重大决策提供必要的信息。为了完成监督职能,监事会不仅要进行业务监督,而且要进行会计监督;不仅要有事后监督,而且要有事前和事中监督(即计划、决策时的监督)。

(二)监事会的财权结构

监事会的权力来源于股东大会,监事会的出资者监督权是由出资者所有权决定的,是出资者所有权的延伸。作为出资者监督权主体,监事会的主要职责就是对企业经营管理行使监督职责。从内容上看，监事会的监督职能包括两个方面：一方面是对董事会、经理的行为进行监督，这也可以称为一般监督；另一方面是会计监督，即对企业财务会计的专业监督，这也可称之为专业监督。这样，一般监督与专业监督就构成了董事会对企业经营管理进行监督的双重职能。

（三）监事会的财务监督权责界定

1. 监事会的监督地位

从理论上讲，监事会应是公司内部代行所有者职能的主要机构，但从监事会运行现状及其结果看，尚有一些问题需要探讨：①监事会与独立董事的地位关系问题。独立董事监督职权的很多方面与监事会的监督职权是重复的，如在对公司的重大财务决策和公司的财务资料检查监督方面，监事和独立董事的职权相同；②监事会与董事会的地位关系问题。在公司治理结构中，董事会、总经理和监事会共同构成了决策、执行和监督的制衡关系。但在实际工作中，监事会的行政地位低于董事会。监事会监督董事会成员、对其提出任免奖惩的建议权限没有落到实处。

2. 发挥监事会监督作用的几点看法

第一，要提高监事会的监督地位。要把监事会作为公司内部资本所有权代表的最高监督权力机构，赋予其绝对的监督权，应采取相应的措施，提高其监督权威。主要内容包括：提高监事会主席的级别或层次，即在公司中，将监事会主席提升至与董事长平级；实行监事会主席和监事下派制度，即监事会主席和监事直接由总公司委派；确定下派监事任职期，即监事在任职公司中的任职期限直接由总公司决定，不受公司约束，监事会有权直接向总公司建议任免公司董事和经理班子成员等。

第二，将公司内部审计机构划归监事会作为日常办事机构。应将内部审计机构的工作计划、审计职责和审计权限全部纳入公司监事会的管辖范围之内，其日常工作和职责范围由监事会统一管理，内部审计人员的选聘全部由监事会负责等。

第三，建立监事的激励约束制度。包括对下派监事实行工作业绩与奖金挂钩制度、工作业绩考核与续聘挂钩制度、失职责任追究和解聘制度。其中，应明确监事失职的经济赔偿责任,可试行监事任职前责任保证金制度,以增强其任职的责任心。

四、经营层的财权配置

(一)经营层的功能定位

经营层是企业的执行机构,接受董事会的委托,执行董事会的决议,负责企业的日常管理。根据有关法律法规,经理与由其领导的副经理、财务负责人和其他高级管理人员组成公司的经营管理机构。董事会与经理之间是典型的委托代理关系,经理对董事会负责。经理层受聘于董事会,在董事会授权范围内拥有对公司事务的管理权和代理权,负责处理公司的日常经营事务。按照《中华人民共和国公司法》规定,经理行使下列几方面的职权:①主持公司的生产经营管理工作,组织实施董事会决议;②组织实施公司年度经营计划和投资方案;③拟定公司内部管理机构设置方案;④拟定公司的基本管理制度;⑤制定公司的具体规章;⑥提请聘任或解聘公司副经理、财务负责人;⑦聘任或者解除应由董事会聘任或者解聘以外的负责管理人员;⑧公司章程中董事会授予的其他职权。

(二)经营层的财权结构

从总体上看,经营层拥有的财权主要体现在财务执行权上,主要包括:①财务决策权。包括小额日常性投资权、小额流动资金融资权、日常资产交易处理权等。②财务执行权。包括组织实施董事会有关决议、组织实施投资方案、融资方案、利润分配等方案。③财务监督权。包括经理层对下属部门经理监督权。经过上述权力分配后,公司财务治理结构中的每一层级都拥有三种权力,即执行权、决策权和监督权;扮演三种角色,即上一层级的执行者、本层级的决策者和下一层级的监督者。

(三)经营层的内部组织及财权配置

在企业经营层财务控制部门的设置方面,各个企业都有自己独特的做法:

有的以一个财务部统领所有的财务职能；也有按财务控制的各项内容设置若干部门；还有的根据财务控制各个内容之间的相关性，将联系比较密切的控制内容合并设置一个部门；等等。财务控制部门的设置并没有一个定式，企业应根据自身生产经营和财务控制的特点进行设置，必须考虑部门设置的收益与成本问题。在考虑机构设置成本的基础上，可将企业经营层财务控制部门分为"二部二中心"：计财部、审计部、投资决策中心和资金结算中心。

1. 计财部

计财部是企业日常财务会计活动的执行机构，其财务控制工作主要集中在预算管理、业绩评价与财务制度等方面。在预算方面，计财部的职能主要包括：①依据董事会确定的发展战略，编制相关的财务预算方案。②向董事会的财务委员会提交体现企业战略的财务预算方案，并为董事会的方案审议工作提供一定的信息支持。③根据企业整体的财务预算方案，针对各个部门的实际情况下达相关预算目标。④在日常经营活动中，监督与指导各个部门的预算执行。⑤针对预算执行过程中产生的各种纠纷与摩擦进行协调。⑥考察各个部门的预算执行情况，并根据执行情况评定各部门在预算执行方面的业绩考核结果。

在业绩评价方面，计财部的职能为：①在业绩评价基本原则的基础上，制定操作性较强的财务业绩评价指标体系。②在预算执行结果的基础上，根据指标体系对下属各部门的工作进行相应的考核、评价。③向财务委员会送交相关的考核评价结果。④指导下属企业的业绩评价工作。⑤依据基本原则与指标体系，制定适用于企业总部的业绩评价实施办法。⑥对企业总部的各个管理部门实施业绩评价，并将评价结果上报企业总部经理。

在财务制度方面，其主要职能为：①严格执行企业基本财务制度，接受董事会财务委员会的监督与指导。②组织下级财务机构的相关负责人学习公司基本财务制度，以便其在财务工作中更好地执行财务制度。③依据企业总部董事会制定的基本财务制度，检查与监督各个下级财务机构对基本财务制度的贯彻实施情况。④针对在检查中发现的违反企业总部基本财务制度的情况，应该责令其限期纠正，并给予相应的处罚。⑤针对企业外部环境的变化与内部管理的变迁，向董事会财务委员会提出基本财务制度的修改建议。

2. 审计部

审计部是审计委员会直接领导下的企业内部审计工作的执行机构，其主要工作是对企业总部以及下属单位的经营活动进行审查。内部审计工作的开展主要由审计员完成，审计部内有若干个审计员，其任免权在股东大会，其薪酬也由股东大会决定。审计员必须经过专业训练，经过考核之后获得审计员资格。凡公司的财务会计账目和年度报告，必须经过审计员的审核才合乎法律手续。而审计部的主要职能包括：①定期审核企业总部及其下属单位的财务报告资料，保证其真实性、正确性。②经过审核，发现不实或错误的财务报告资料，应该责成相关的财务机构进行纠正。③针对企业总部及其各下属单位的高级管理人员的调离，开展领导离任专项审计工作。④针对企业总部及其下属单位财务机构执行企业财务制度的情况，进行财务制度执行情况的专项审计。⑤积极配合独立审计公司的工作，为其独立审计工作提供协助。

3. 投资决策中心

投资决策对保证企业财务战略有着至关重要的作用，而投资决策中心是在董事会财务委员会领导下的投资决策的执行机构。投资决策是投资战略的具体实施，只有保证投资决策与投资战略的一致性，才能实现企业发展战略。投资决策中心的职能主要包括：①依据企业的发展战略与外部投资环境的变化，拟定相关投资方案，并通过投资决策委员会提交董事会审议。②针对各下属单位上交的可能对企业战略目标与控股结构产生直接或潜在重大影响的投资方案，进行可行性论证，并通过投资决策委员会提交董事会审议。③依据董事会制定的投资管理办法，检查各部门投资机构的执行情况。

在实践中，有的企业采用财务公司的形式进行资金管理控制。财务公司是经营部分银行业务的非银行金融机构。其经营范围除经营抵押放款，还兼营外汇、联合贷款、包销债券、不动产抵押、财务及投资咨询等业务。我国的财务公司大多是在集团公司发展到一定水平后，由人民银行批准，作为集团公司的子公司而设立的。较之资金结算中心，财务公司存在着三大区别：①财务公司具有独立的法人地位，在集团控股的情况下，财务公司相当于一个子公司。因而，总部在处理彼此之间的权责利关系时，需要遵循民法的基本通则。②财务公司除了具有资金结算中心的基本职能外，还具有对外融资、投资的职能（在法律没有特别限制的前提下）。③在集权财务体制下，财务公司在行政与业务上接受集团总部财务部门的领导，但二者不是一种隶属关系。在分权财务体制下，集团总部财务部门对财务公司主要发挥制度规范与业务指导的作用。企业究竟是设置资金结算中心,还是设置财务公司进行资金管理,应该视企业的资金管理控制水平而定。如果资金管理控制水平较高,可以考虑采取财务公司的形式,如果水平较低,则可以采取资金结算中心的形式。

　　从内部财务控制的角度看,在组织规划控制中,三个层面的作用不可忽视。其一,企业内部股东大会、董事会、监事会及经营层构成了法人治理结构,这一制度安排从组织机构上保证企业内部财务控制制度的完善和有效,保证财务报告程序的科学和结果的可靠,保证企业行为的规范并确保外部审计、经营层以及董事会之间的信息沟通;其二,通过建立专业委员会特别是投资委员会,从组织上保证企业重大投资融资方案、重大资本运作及资产经营项目的决策合理性和有效性,从而为企业重要业务的控制提供了保障;其三,设立审计委员会以及审计部、财务部是为了建立内部监控机制,通过内部财务制度和各项管理制度的建立,同时通过对企业资金流、信息流的反映、监督和管理,为内部财务控制提供了条件。

第四章 企业财务会计与预算目标的控制

第一节 企业预算控制的特点

一、企业预算目标的确定

公司（企业）的主要目标是创造价值。但是如果片面追求利润最大化，可能导致企业的短期行为，如忽视产品开发、人才开发、生产安全、技术装备水平、生活福利设施和履行社会责任等。一个公司发展前景的好坏，很大程度上取决于是否有一个可行的战略目标，因此，在实际活动中，企业更应当关注战略目标。而预算管理是一种目标管理，其目标应该与公司的战略目标保持一致，并能体现战略目标的要求。也就是说，战略目标应作为一种目标导向，引导预算目标的确定，预算目标则强调可操作性，通过具体的财务目标体现出来。

公司的战略目标必须转化为明确的、具体的财务指标，才能使企业有一个可以测度的标准。比较而言，上述目标中真正有效和具有综合性的战略目标是股东权益报酬率（ROE），它既是企业战略选择的出发点和依据，又是企业战略实施要达到的结果。股东权益报酬率（ROE）是综合性指标，因此需要把目标值分解到各相关部门，例如，将销售额分解到营销部，将目标利润分解到各子公司，将产品成本和制造成本分解到生产部门等。

先从净资产收益率开始，确定实现净经营资产利润率和杠杆贡献率分别有哪些主要因素，需要具体做哪些事情才能保障工资、债权人利息。员工和经理人奖金的支付和息税前利润的实现，同时确定公司的薄弱环节是什么，克服这些薄弱环节的方法和手段有哪些。企业在寻找支撑要素时，不仅要寻找显性要素，还要找出其背后的隐性支撑要素以及它们的内在关联。这样，我们就可以从多个关键变量中分解股东权益报酬率，落实到各相关部门，进而实现公司的战略目标。

以 ROE 作为预算目标的出发点，具有以下特点：首先，公司战略的设计与实施归根到底是保持或提高公司的 ROE，在两权分离的公司，股东追求的目标与经营者的目标不一定是一致的，以 ROE 作为预算目标出发点，可以使经营者的经营决策与企业的财务目标保持一致。其次，股票价格与 ROE 息息相关，因此对 ROE 及其关键指标进行分解与控制就可以控制整个企业的经营活动，同时经营管理者以预算目标作为努力方向，就会增加 ROE，进而提高股票价格。第三，以 ROE 作为预算的出发点，其编制结果最终表现在相应的预算报表中，如果以 ROE 作为出发点的预算编制是准确的，那么实际报表与预算报表之间的差异就有可能为零。[①]

如果以 ROE 作为预算出发点，那么预算编制的起点就是进行相关指标的预测，并在预测的基础上将指标进一步分解。在确定预算目标时也要注意，不同的发展时期因战略决定不同，其预算的重点也不同，在企业初创、成长、成熟及衰退阶段应分别以资本预算、销售预算、成本预算和现金流量预算为起点来进行编制。或者强调不同的层级采用不同的预算目标，如较高的集团层次采用经济增加值（EVA）或市场增加值（MVA）作为预算的出发点，各子公司、分公司或事业部的分部层次则可以考虑使用投资报酬率或剩余收益等指标，再到基层的责任中心，则应该以其责任指标为依据，多采用如利润成本等具体作业目标。从财务角度看，预算目标的核心应该是目标利润，但利润又不是预算目标的全部。

[①] 金睿：《施工企业全面预算管理执行控制研究》，博士学位论文，西南财经大学，2017。

二、预算控制是一种战略管理

企业战略是企业建立在内、外部环境分析基础上,为实现企业使命或目标而确定的整体行动规划。所谓战略管理,则是围绕企业战略的制定、实施、控制而采取的一系列措施的全过程,它具有整体性、长期性和相对稳定性的特征。预算控制以战略管理为起点,其本身就体现了战略管理的思想。

由于预算以企业战略目标为出发点,为了推动企业战略目标的实现,预算管理的过程必须是一个围绕企业战略目标的包括预算编制、执行、控制、评估等一系列措施的全过程。在这个过程中,预算管理体现出了战略管理的整体性、长期性、相对稳定性和实用性的特征。

预算管理的战略性还体现在它是沟通企业战略与日常经营活动的桥梁。企业整体战略往往是长期性的,比较抽象。预算管理通过长、短期预算的相互衔接,形成战略管理大系统中的一个子系统,使战略目标与日常的生产经营活动联系起来。从时间角度看,各项预算相互衔接,可以促进整体战略目标实现。从空间角度看,各子公司、二级单位的预算相互协调,与企业整体战略目标相一致。

由此可见,预算控制是以战略管理为基础、以战略目标为起点、以战略思想为指导,通过一套可运行、可操作的控制系统实现预算目标,最终推动企业总体目标的实现。

三、预算控制是一种目标管理

目标管理是以目标为管理工作的根本,是根据行为科学原理提出的。在目标管理中,一切管理行为从目标制定开始,以目标为执行导向,最后以目标完成程度作为业绩评价的依据。目标管理强调授予下级一定自主权,减少干预,在统一的目标下由员工在工作中实行自我控制,并强调事前明确目标,使下级周密安排并选择实现目标的有效方法,减少对作业过程的直接干预。

如果说战略管理是目标管理的起点,那么目标管理思想则是预算在实施过程中的导向。确定与企业整体战略目标相一致的预算目标,以该预算目标作为统筹企业全面预算管理活动的导向，预算的编制、执行、评估、考核都是围绕着实现预算目标来进行的。财务控制的目标保证财务活动的有效性、效率性、规范性；而预算的主要功能之一就是控制，而且是财务指标方面的控制，因此，预算是目标管理的有效工具。在预算控制模式下，预算管理的活动能力是以实现预算目标为导向的。通过将预算目标分解为各预算子目标，再把它们落实到每个责任单位，然后再延伸细化到每个员工，在企业内部形成一个纵横交错、完整严密的目标体系。企业的各个层次都包含在目标体系之内，各职能部门、每一位员工的工作都与预算目标联系起来。

四、预算控制是一种"人本"管理

所谓人本管理，即确定人在管理过程中的主导地位的同时，围绕着调动企业人的积极性、主动性和创造性而展开的一切管理活动。在传统管理中，人仅是一种与原材料一样的普通资源，随着行为科学的诞生，企业管理中对人的重视程度日益加深，人们认识到，企业管理归根结底是对人的行为的管理。预算管理是通过预算主体作用于预算客体的过程，而在预算管理的主体中，预算管理主体和预算执行主体两个层面的关系处理和协调，直接关系着预算管理的实现，因此，正确运用人本管理观念，在预算管理中具有重要意义。一方面，在编制责任预算的过程中，基层人员参与责任预算编制的程度越高，其积极性、主动性越能充分发挥出来；人们自我控制、自我管理的程度也越高，预算目标的实现就越有保证。另一方面，在预算考评制度的确定中，正是将人们的具体需要转化为目标激励因素，才能激发人的动机、引导人的行为。

第二节 企业预算控制的组织

一、企业财务预算的概念与特征

(一)企业财务预算的概念

凡事预则立,不预则废。这里的"预"即为预见性,对企业而言进行全面预算管理无疑就是一种生存力量。预算是将资源分配给特定活动的数字性计划,是一种详细的收支安排。财务预算,是一系列专门反映企业未来一定预算期内预计财务状况和经营成果及现金收支等价值指标的各种预算的总称,具体包括现金预算、预计利润表、预计资产负债表和预计现金流量表等内容。[①]

财务预算是反映某一方面财务活动的预算,如反映现金收支活动的现金预算;反映销售收入的销售预算;反映成本、费用支出的生产费用预算(包括直接材料预算、直接人工预算、制造费用预算)、期间费用预算;反映资本支出活动的资本预算等。

综合预算是反映财务活动总体情况的预算,如反映财务状况的预计资产负债表、预计财务状况变动表,反映财务成果的预计损益表。

上述各种预算之间存在下列关系:销售预算是各种预算的编制起点,它构成生产费用预算、期间费用预算、现金预算和资本预算的编制基础;现金预算是销售预算、生产费用预算、期间费用预算和资本预算中有关现金收支的汇总;预计损益表要根据销售预算、生产费用预算、期间费用预算、现金预算编制,预计资产负债表要根据期初资产负债表和销售、生产费用、资本等预算编制,预计财务状况表则主要根据预计资产负债表和预计损益表编制。

---

① 辛欣:《J 企业成本预算管理研究》,博士学位论文,宁夏大学,2020。

（二）财务预算的特征

预算是企业在预测、决策的基础上，以数量和金额的形式反映的企业在一定时期内经营、投资、财务等活动的具体计划，是为实现企业目标而对各种资源和企业活动的详细财务安排。

预算具有如下两个特征：①编制预算的目的是促成企业以最经济有效的方式实现预定目标，因此预算必须与企业的战略或目标保持一致。②预算作为一种数量化的详细计划，它是对未来活动的细致、周密安排，是未来经营活动的依据，数量化和可执行性是预算最主要的特征。因此，预算是一种可以据以执行和控制经济活动的最为具体的计划，是对目标的具体化，是将企业活动导向预定目标的有力工具。

二、预算管理组织的构建

预算管理组织机构是各项预算管理职能的执行主体，预算管理机制运作的顺利与否，取决于预算管理组织机构设置和运作的有效性。预算管理组织的设立与预算管理循环密切相关，如预算管理循环包括哪些环节，各环节中又包含哪些预算职能，那么就需要设立相应的预算管理组织机构。机构设置又有专职和非专职两种形式。

（一）预算管理委员会

预算管理委员会是专司预算管理事务的常设权力机构，预算管理的组织、协调工作将由该委员会全面负责。预算管理委员会下设预算编制、预算监控、预算协调、预算信息反馈等具体执行机构。预算管理委员会的主要职责有：①审议、确定预算目标、原则和程序。②审定、下达正式预算。③根据需要调整甚至修订预算。④收集、研究、分析有关预算与执行的业绩报告，制定相关控制政策和奖罚制度。⑤仲裁有关预算冲突。从本质上讲，预算管理委员会是预算的综合审定机构，是企业内部预算管理的最高权力机构。当然，其审定后的预算在预算管理委员会的设置上有两种基本思路：一是，作为企业经营者下属的机构，直接对经营者负责。在这种情况下，该委员会通常由企业最高领导，如总经理、厂长等，同时吸收财务、供、产、销、技术、劳动人事等部门的负责人担任委员，其中要特别突出并发挥企业财务经理（或总会计师）的作用。二是，作为董事会下属的常设机构，代表董事会履行上述职能，如预算目标及政策的制定权、年度预算的最终审批权、预算的调整权等。在这种情况下，预算管理委员会的地位就更为超然独立，更具战略防御性和权威性。

（二）预算编制机构

预算编制机构包括预算编制基础资料供给和预算编制相关的机构。

1. 预算编制基础资料供给机构

预算编制工作能否顺利进行，关键在于信息资料的提供与汇集的及时性和有效性。这些信息资料，涉及供、产、销各个方面，包括历史信息资料、数量金额资料与各种非数量金额资料的分析资料等。提供这些基础资料属各部门分内之事，不必专门设置机构或人员。然而，企业各项业务预算之间具有密切的相互联系，其中至少有一项业务预算制约着其他业务预算。对大多数企业而言，销售预算制约着其他预算，它的准确与否决定着整个预算的内容体系，也关系全面预算的成功与否。既然如此，各预算资料供给机构的资料供给也应相互联系、配合，并具有不同层次。

2. 编制预算机构

预算资料或者说预算初稿是由各相关部门分别提供的，但正式预算的编制还需由专门机构来承担，因为预算的编制并非将各部门预算进行简单汇总，而是需要将各项预算与企业目标进行磨合，最终编制形成全面预算，并且将其分解落实为责任预算，其中还涉及各项预算之间的汇总、协调、综合平衡等问题，工作量大而且需要专业技能，因此最好由专门预算编制机构负责。但鉴于编制预算与财务部门、企划部门的关系最为密切，因此预算编制机构可由财务部门为主，由财务部门和企划部门派员组成，以保证预算编制的速度和质量。

（三）预算监控机构

预算监控机构的基本职责是对企业各层次、各环节预算组织的日常活动进行全面、系统的监督与控制。其关键在于建立一套行之有效的激励与约束制度，实现由上到下逐层监督、约束与激励，从而使各层级预算组织直至每一员工自觉地进行自我监督、控制、约束与激励。整个监控工作应着重围绕销售进度、成本、质量、现金流这几个关键要素展开。因为这些方面完成的好坏，决定着企业预算目标及资本保值增值目标能否顺利实现。

规模较小或机制健全的企业也可以不设置专门的预算监控机构，各种激励与约束制度可以由预算管理委员会组织人员制定，具体监控过程主要依靠各预算组织直至个人自发、自觉进行。销售进度监控可交由计划部门进行，成本与现金流由财务部门监控，产品质量除由各预算组织自我监控外，显然也属于质检部门的分内工作。

（四）预算协调机构

协调是预算的重要职能之一。一方面预算协调在预算编制过程中和预算执行过程中发挥日常管理的作用。另一方面，各项资料内部、各项资料之间，各部门内部的行为以及各部门之间的行为协调都与预算协调有关。因此，各组织机构均应在全局整体利益的驱动下，自觉承担预算协调机构的职责，而无须设置独立的预算协调机构。比如，人力资源部门应配合财务预算，进行人力资源的协调工作，有效配备人员，既充分发挥每个人的主观能动性，又使人力资源成本最低，实现人力资源的最佳利用。

当然，部分利益与整体利益并非总是一致的，各部门之间不可避免地会存在各种职能失调行为，甚至会产生剧烈冲突，因此内部仲裁机构也是预算管理组织中不可缺少的协调机构。如前所述，内部仲裁职能应由预算管理委员会承担，以保证其权威性。

（五）预算反馈机构

预算反馈机构是预算管理组织的重要组成。预算的规划和控制职能都离不开反馈，完善的反馈机构是预算管理委员会、预算编制机构，以及预算执行机构、预算协调机构发挥作用的前提。

预算反馈机构即预算信息流组织，亦即预算执行过程的报告体系，它是预算下达过程的逆向信息流动，是预算执行情况的自下而上的层层汇集和向上报告的过程。预算执行需要一个由若干不同层次的预算责任单位所组成的预算责任网络。由于各预算责任单位具有各自不同的预算目标，在其预算执行过程中又必须将实际执行情况随时进行反馈，所以，预算反馈需要通过分级核算、逐级汇报的方式实施。各级责任单位可以进行自我核算，并及时进行信息反馈。

三、预算执行组织的构建

传统预算管理中，预算执行组织是按传统的、以职能部门划分的责任中心制定的，它的一个重要缺陷是将一些作业或过程人为地割裂开，使得它们的衔接部分无人负责。众多分布于不同部门却相互联系的同质作业因此失去管理和控制，与此相关的众多原本可控的间接成本因此成为事实上的不可控成本，从而大大弱化了预算执行组织的可控性程度。基于此，在预算管理中引入作业分析的本质意义是便于确定各项业务的可控性及其协调关系。通过作业分析，尤其是对增值作业与不增值作业的区分，可以了解作业存在的必要性，并据以进行岗位的撤销、组合。一方面，增强了业务的可控程度，能从根本上达到降低成本、提高效益的目的；另一方面，在作业分析的基础上确定岗位职责，将同质作业合并为作业中心，形成作业型责任中心，使之成为预算执行主体，还可以增强预算的可控程度，分清并协调业务或部门之间的关系，减少甚至消除权责不清等问题，这对预算机制作用的发挥具有重要意义。

预算执行组织即各级预算责任执行主体，它以责任网络状生成，因此也叫预算责任网络。预算责任网络中的组成成员叫责任中心，它是组织内部具有一定权限，并能承担相应的经济责任的内部单位。一般而言，责任中心必须具备如下条件：①具有承担经济责任的主体，即责任人；②具有确定经济责任的客体，即资金运动；③具有承担经济责任的基本条件，即职权；④具有考核经济责任的基本标准，即经济绩效。凡是具备以上条件的单位或个人，均可构成责任中心。预算责任网络与企业组织结构密切相关，在层级制的组织管理中，预算责任网络必然也是层级制的。当然，如上所述，随着企业组织结构的调整，预算责任网络的设置要进行作业分析，而后建立同质作业型责任中心。但归根结底，根据各责任中心的权责范围，预算责任网络可归结为三个层次：投资中心、利润中心和成本费用中心。

（一）投资中心

投资中心是最高层次的预算责任单位，它是需要对其投资效果负责的责任中心，适用于对资产具有经营决策权和投资决策权的独立的经营单位。投资中心既要对成本、收入和利润预算负责，还必须对其投资利润率或资产利润率预算负责，或者说它实质上是企业全面预算的执行人。一个独立经营的常规企业，就是一个投资中心。

投资中心具有比其他责任中心更大的独立性和自主权，它作为企业内部最高管理层，拥有一定的资金支配权。投资中心在调配资金余缺时，应研究这些资金投放哪个方面才是最有利的。投资中心的具体责任人应该是以厂长、总经理为代表的企业最高决策层，投资中心的预算目标就是企业的总预算目标。

投资中心必然是一个成本中心，又是利润中心，它不仅要从成本、收益来考核其经营成果，还要从投入生产的资金效果来考核工作成绩。投资中心是控制投资效率的责任中心，通常用增长的盈利对投资的比率来衡量其业绩。

（二）利润中心

利润中心属于中层预算责任单位，指的是需对成本、费用、收入负责，最终对利润预算负责的责任单位。利润中心属于企业中的较高层次，同时具有生产和销售的职能，有独立的、经常性的收入来源，可以决定生产什么产品、生产多少、生产资源在不同产品之间如何分配，也可以决定产品销售价格、制定销售政策，它与成本中心相比具有更大的自主经营权。

责任单位有无收入及利润是该单位能否成为利润中心的衡量标准，凡是能够获取收入、形成利润的责任单位均可作为利润中心。根据收入、利润的形成方式不同，利润中心又可进一步划分为"自然"利润中心和"人为"利润中心。自然利润中心是指能够通过对外销售自然形成销售收入，从而形成利润的责任单位，通常是指独立核算的分厂、分部；人为利润中心则是指不直接对外销售，而是通过内部转移价格结算形成收入，从而形成内部利润的责任单位。在预算执行过程中，为了增强预算执行人的成就感和责任感，通常以内部结算价格在企业内部相互提供产品或劳务的作业中心之间进行"买卖"，从而使此类高层次成本中心上升为人为的利润中心，它在预算机制运行中具有非常重要的意义。

（三）成本费用中心

成本费用中心是最低层次的预算责任单位，它仅具有一定成本费用控制权，因而只能对其可控成本费用预算负责。凡是不能形成收入、只对成本或费用负有一定责任的单位甚至个人，如各职能部门和各具体作业中心、工段、班组、个人等，均可作为一个成本费用中心。

依据可控性原则，在划分成本费用中心时要注意区分可控成本和不可控成本。所谓可控成本是指某种特定的责任中心能够预知其发生，且能控制和调节其耗用量的成本。不具备此条件的则是不可控成本。因此，成本费用中心的责任预算应该只限于该中心的可控成本。

对于每项需要加以控制的费用，各责任中心都必须确定主要负责人。尽管每一个责任人都有其明确的责任范围，但并不是对责任范围内所发生的费用都要负责，有的应负主要责任，有的只负次要责任，各级责任人只能控制各自责任范围内的可控费用。而在企业中，总会有些费用项目（如固定资产折旧费）难以确定责任归属，对这些费用项目不宜硬性归属到某个部门，可由企业财务部门直接控制。

企业预算管理责任中心的结构是与其组织结构相对应的，组织结构的类型决定了预算责任网络的布局，如在传统的职能结构组织中一般是以整个企业作为投资中心，总经理对企业的收入、成本、投资全面负责，下面的各部门、工厂、车间均为成本中心，只对各自的责任成本负责。这种权力结构比较集中，下属部门自主权较小。在这种组织结构下，企业预算自上而下逐级分解为各成本中心的责任预算，各成本中心的责任人对其责任区域内发生的责任成本负责，基本成本中心定期将成本发生情况向上一级成本中心汇报，上级成本中心汇总下属成本中心情况后逐级上报，直至最高层次的投资中心。投资中心定期向全面预算管理委员会汇报情况。

第三节　企业预算控制的流程

一、预算编制控制

（一）预算目标的确定

预算目标的确定是否正确，在很大程度上会影响企业预算编制的合理性、预算执行的可控性和预算评价的准确性。预算目标规划必须在企业发展战略指导下，从企业所处市场地位和市场环境、所期望的未来前景、国家政策的可能变动等出发，确定具体预算目标。企业在确定预算目标时，应从以下几个方面考虑。

1. 目标的层次性

根据目标的层次性特征，企业应按照组织结构来确定分层目标，包括企业最高层次的上层目标、各所属子公司的中层目标以及子公司所属各部门和个人的基层目标。按组织结构确定目标是完善公司治理结构的要求。只有确定分层目标，才能让各个部门明确其管理职责，进行有针对性的管理工作。

2. 目标的可操作性

目标的可预测性与可计量性决定了目标必须具有可操作性。首先它能够被预测，其次它能够被计量。目标的这两个特性要求企业在确定目标时不应是盲目的，如果目标不可预见，决策者制定出的目标就不具有指导性，下面基层单位也难以实施。目标的可操作性决定了能将总目标分解为不同层次的基层目标。在将目标作为管理和考核的依据时，不仅要有定量目标，同时也要有定性目标。目标的可预测性也要求企业不仅要考虑短期目标，而且要考虑中长期目标。

3. 目标应具有激励性

由于预算目标关系到部门和个人的利益，因此，预算目标的确定必须考虑其激励性特点。如果没有激励和约束作用，企业就难以提高管理效率。目标的激励性特征是产生管理效率的关键。企业为调动管理者和员工的积极性，应认识到建立激励与约束机制的重要性，制定出比较合理的业绩评价标准。

4. 目标应具有统一性

按照系统论的观点，目标实现是企业各个职能部门相互联系、相互作用的结果。企业的总目标与下层目标之间应具有统一性。总目标对下层目标应具有控制作用，下层目标应与总目标协调一致。企业无论是自上而下还是自下而上确定预算编制程序，都应保证目标之间的衔接。

（二）预算目标的分解

沿着纵向决策执行和横向协调的预算责任网络，根据预算责任单位作业内容职责及对作业内容的可控程度将预算期的企业目标进行分解细化，形成预算责任单位的子目标。在以预算目标为导向的企业预算管理体系中，预算目标通过预算分门别类、有层次地分解到各预算责任中心，这些预算责任中心大到有一个独立的子公司，小到有班组乃至个人。这些分解的子目标就成为他们在预算期间的具体工作目标。另外，预算编制时，预算的层次不同及业务性质不同，企业预算目标分解的程度也不同，这同样服从于控制目的。预算项目归口管理责任可以划分很细，但是并不是所有预算指标都分解到基层执行，有些费用项目可以根据定额指标按部门分解预算，总量控制使用，也就是说预算制定时定额尽可能"细"，执行控制适当"粗"一些。例如，办公用品预算定额是按照员工人数分配的，但不能由个人支配使用，这样可以有效使用资源，避免浪费，也有利于各部门分权管理。

预算目标分解得越具体明细，控制执行越容易；人的因素影响越弱，计算机控制越容易实现。但是不容忽视的是，预算目标越具体明细，管理的成本也就越高，而且由于人们对未来预测和分析不可能与实际完全吻合，再加上企业所处的环境经常发生变化，有时预算目标分解过细，过于理想化，反而会导致预算管理僵化，对企业发展产生负面影响。所以预算项目细化到什么程度，还需要根据可能进行权衡，哪些项目的成本动因比较清楚，变化规律比较明显，就对这些项目管理细一些。而对另一些项目管不到这么细，可以先粗略一些，随着预算管理经验的积累等条件成熟时再逐渐细化。①

（三）编制模式的选择

预算目标确定及分解并不是一个简单由上至下的过程，预算编制模式的选择受企业财务管理体制、企业所处的行业和经营方式、预算单位性质及企业管理地理区域远近的影响。

实行集权管理或偏重集权管理的企业，多采取由上至下编制的模式，在这种模式下，企业制定预算期目标并分解给下属预算责任单位，下属预算责任单位根据企业下达的预算子目标，制定具体预算实施方案。

实行分权管理的企业，采取由下至上的编制模式，在这种模式下，下属预算责任单位根据自身情况和市场变化及内部管理要求，制定本部门单位预算，上报给企业决策层，企业根据下属预算责任单位报送的预算及企业发展战略需要，进行平衡，编制整体预算。

在预算编制具体操作实务中，企业根据自己实际管理现状和行业及产品特点进行选择，一般来说，企业产品和产量比较稳定，行业比较成熟，责任单位预测把握程度比较高，倾向采取集权管理下的由上至下的模式。反之，企业面临的市场不稳定，行业竞争比较激烈，多采取分权管理下的由下至上的模式。其次，预算责任单位管理尚不成熟，离公司距离较近，倾向采取集权管理下的由上至下的模式；反之，预算责任单位管理比较成熟，离公司距离较远，多采取分权管理下的由下至上的模式。

为了兼顾控制和灵活的要求，更好地把企业发展战略贯彻到预算责任单位预算管理实践，同时又要充分调动预算责任单位主动参与预算管理的积极性，减少企业对预算责任单位不必要的干预，现在企业都倾向于上下结合互动的结合模式，其一般程序按照下列方式来做。

企业最高预算机构根据企业发展战略，在进行预算环境分析的基础上，提出企业预算期经营总目标。同时预算责任单位根据公司预算方针和政策及自身实际和管理的要求，结合作业责任和内容，草拟预算期预算目标。

---

① 张冕：《大数据环境下民营企业内部控制评价研究》，博士学位论文，河北工程大学，2020。

预算管理部门根据企业预算经营总目标，对预算责任单位编制的目标进行审核，必要时深入预算责任单位进行调研座谈，提出初步平衡意见。

企业最高预算机构根据预算管理部门的平衡意见，可能局部修改企业预算期总目标，同时也可能要求预算责任单位修改草拟的预算目标。这中间有一次甚至数次的上下反复修改调整过程。

最后达成上下一致的预算总目标和子目标，经预算组织上下所有人员共同签字，最后以最高预算机构批准的形式下发预算责任单位执行。

目标一旦确定执行，相应的责权利分配机制必须配套，资源分配方案一揽子计划必须跟上。预算实际上就是在一定资源条件下，要求干多少作业，或者是在完成一定量的作业中，允许消耗的资源数量，并根据完成的作业量或耗费的资源数量进行奖惩的一种机制。其过程实际上是在总分结合、上下结合、内外结合基础上寻求预算目标最佳组合和资源的整合，是权利责任再规划和调整，是利益的重新分配，是作业流程的再造和组织结构的评估和重组。

（四）编制方法确定

传统预算编制方法往往采用固定预算加定期预算及增量预算。所谓固定预算，是指以预算期某一固定业务量水平为基础所编制的预算；定期预算，是指按照某一固定的预算期限编制的预算；增量预算则是在上期的基础上，结合预算期的可能变化，增加或减少某些金额后调整编制而成的预算。显然，传统预算编制方法具有简便易行的优点，多数企业均采用此法编制预算。但是，传统预算编制方法存在诸多不足，就固定预算而言，当实际业务量偏离预算编制所依据的业务量时，预算便失去了其作为控制和评价标准的意义。在复杂多变的经济社会里，业务量完全按照实际发生的现象越来越少，再加之预测本身的局限性，实际业务量偏离预算数的情况更是屡见不鲜。因此，按固定预算方法编制预算，如果在预算执行过程中又盲从预算，则会使预算变得呆板僵化，不能适应管理的需要。采用传统的定期预算及增量预算，往往会造成上下级之间的"对抗"，下级在上报预算时留有余地，高估预算，并且容易导致在临近预算期末时，将尚未消化的预算额度，无论需要与否，尽可能花光耗尽，以防下期预算被砍，其结果可能是资源的无谓浪费。为此，我们应该有效地选择先进的预算编制方法。

1. 弹性预算

弹性预算又称变动预算，是在固定预算模式的基础上发展起来的一种预算方法。它是根据预算期内可预见的多种不同的业务量水平，分别计算其相应的预算额，以反映在不同业务量水平下所发生的费用和收入水平的预算编制方法。

弹性预算有两方面的特点：一是弹性预算仅以某个"相关范围"为编制基础，而不是以某个单一业务水准为基础；二是弹性预算是"动态"的。弹性预算的编制可适应任何业务要求，甚至在期间结束以后也可使用。企业决策者可视该期间所达到的业务要求编制弹性预算，以确定在该业务要求下，"应用"成本是多少。

在管理控制过程中，弹性预算的关键作用在于能经常地向管理人员提供反馈信息，使得他们能进行控制并有效地实施企业计划。当实际业务量发生后，将实际指标与实际业务量相应的预算额进行对比，使预算执行情况的评价与考核建立在更加客观可比的基础上，从而更好地发挥预算激励效应。

2. 零基预算

零基预算即以零为基础的预算。这种预算编制方法是相对于传统预算中增量预算的不足而设计的。增量预算以前期的实际执行结果为基础，充其量不过是对以前预算的增补，必然会使新的预算受到既成事实的影响，并容易使某些不合理因素得以长期沿袭。为此，美国的维恩·刘易斯于1952年发表了《预算编制理论新解》一文，最早提出了零基预算的理论。其后，美国得克萨斯仪器公司于20世纪70年代初使用零基预算成功，目前已被西方国家广泛采用。

仅从字面理解，零基预算是彻底摒弃现有的既成事实，一切从零开始，对所有业务都重新开始进行详尽的审查、分析、考核，从而据以编制预算的方法。这种理解是片面的，在大多数情况下，项目都将继续执行，对此我们应将注意力集中于对其效率与效益的评估，而非绝对地从头开始。因此，零基预算的深层含义是建立在对预算年度中意欲实施的所有事项进行严格审核、评估基础上编制预算的方法。其基本操作步骤为：①确定企业编制预算的基本预算单位。②提出总体目标并让基本预算单位明确其设想。③对基本预算单位所提出的方案进行"成本—效益分析"。④对各基本预算单位提出的方案评定等级，并审查编制预算表。

零基预算采用的是一种较典型的上下结合式预算编制程序，充分体现了群策群力的精神，便于预算的贯彻、实施。这种方法能迫使人们精打细算，将有限的资源运用到最需要的地方，从而提高全部资源的使用效率。这种方法倡导的并不单纯是资源的节省，而是如何更有效地利用资源。为此，各种间接费用预算，尤其是职能部门的酌量性费用预算，应尽可能采用零基预算的方法编制。

3. 滚动预算

滚动预算是指将预算期始终保持一个固定期间、连续进行预算编制的方法。这种方法是针对定期预算的不足而设计的。其预算期通常以一年为固定长度，每过去一个月或一个季度，便补充一个月或一个季度，永续向前滚动。

滚动预算的理论依据是生产经营活动永续不断地进行的，作为其控制依据的预算也应该与此相符，保持其连续不断性；而且，生产经营活动是复杂多变的，而人们对它的认识是有限的，往往需要经历由粗到细、由模糊到具体的过程，若能做到长计划、短安排，就能最大限度地克服预算的盲目性。滚动预算的优点也就在于遵循了生产经营活动的规律，保证了预算的连续性和完整性，可避免出现"期末狂欢"的诱因；长计划、短安排的具体做法，使预算能适时反映实际经营状况，更增强了预算的指导作用。当然，采用滚动预算，会加大预算的工作量。即便我们不能对所有的预算都采用滚动预算的方法，但是它所体现的长计划、短安排的理念应该在预算编制过程中得以反映。在实际工作中，现金流量预算最好采用滚动预算的方法编制。

二、预算监控与调整

预算调控是预算监控、预算调整等职能的总称。细化的预算为预算在管理中发挥作用奠定了基础，但是预算真正成为企业行为的"硬约束"，关键是要用强制的力量去执行预算。准确、合理的预算本身并不能改善经营管理、提高经济效益，只有认真严格执行预算，使每一项业务的发生都与相应的预算项目联系起来，才能真正达到预算管理控制的目的。预算监控就是在预算执行过程中对预算执行情况进行日常的监督和控制，具体包括预算监控、预算调整及仲裁，它是预算目标顺利实现的必要保证。

（一）预算监控

预算监控是指在预算执行过程中对预算执行情况进行的日常监督和控制。为保证预算目标的实现，企业应建立全方位的、多元的预算监控体系。所谓全方位的控制，是指预算控制必须渗透到企业的各个业务过程、各个经营环节，覆盖企业所有的部门和岗位，不能有任何遗漏。所谓多元的监控，是指既有事后的监控措施，又有事前、事中的监控手段；既有约束手段，又有激励的安排；既有财务上资金流量、存量预算指标的设定以及会计报告反馈信息的跟踪，也有采用人事委派、生产经营一体化的策略。

1. 预算监控主体的构建

预算监控主体是实施预算监控职能的机构，由于预算监控是全方位的，涉及整个企业各个环节、各个部门、全体成员，所以设置一个专门的预算监控机构可能难担全面、系统的预算监控重任。有效的监控应该借助各部门、各成员的共同努力，它应该是预算执行者之间的自我监控和相互监控的结合。因此，预算监控主体也应该是与实行各项职能及各专业对应的纵横交错的监控网。

2. 预算监控重点及手段

全面预算运行过程中的监控重点主要是企业的业务流和资金流两大方面。对业务流的监控，通常采取组织控制的方式，即有关组织机构、组织分工、责任制度等方面的预算控制。一个企业预算控制得好坏，关键在于其组织是否有效。对资金流的监控更不容忽视，在成功实行资金监控的企业实务中，设置内部结算中心不失为一种很好的手段。内部结算中心作为办理内部各成员和子公司现金收付和往来结算业务的专门机构，它主要通过"结算管理"和"信贷管理"两个方面来做好企业资金的调剂工作，为企业的正常运营提供资金保障。

（二）预算调整

预算是对未来的预先规划，而未来必然存在某些不确定的因素，完全符合预算的情况是很少的。在执行过程中，当预算出现较大偏差，原有预算不再适宜时，就需要调整预算。预算调整必须有一定程序，同时调整程序应由制度来保证。

1. 预算调整程序

对预算进行调整，必须具有一定的程序。一般情况下，预算调整需要经过申请、审议、批准三个主要程序。如果需要调整预算，首先应由预算执行人或编制人提出申请，说明调整的理由、调整的初步方案、调整前后的预算指标对比以及调整后预算的负责人、执行人等情况。提出调整申请后，应经由一定的审议，并提出审议意见，报送有关部门批准。批准人应在审阅有关资料后，提出同意或不同意调整的书面意见，然后下发给申请人。

2. 预算调整的审批权限

由于预算调整属于非正常事项，其牵涉面广，所以需要从严把握。鉴于此，预算调整的批准权限应该高度集中。预算管理委员会是预算管理的最高权力机构，应将预算调整的审批权集中于此，尤其是涉及预算目标责任的调整。如果没有专设的预算管理委员会，则应由企业最高权力机构批准。

（三）预算仲裁

仲裁也是预算管理的必要手段之一，是实现预算调控职能的必要保障。由于预算管理是通过建立预算责任网络进行的管理，该网络主观上是要求各主体间必须有清晰的权责和边界，但企业内部各责任主体的权责利又存在着无法割裂的相互影响关系，从而可能导致各预算主体之间，尤其是同级责任预算主体之间，在执行预算过程中发生有关责任和利益分割的纠纷，影响预算的顺利实施。此时，必须借助仲裁维护预算的严肃性。

内部仲裁机构是负责调解和裁决各预算执行主体之间的经济纠纷的权力机构，它必须具有权威性。因此，内部仲裁机构应该由企业预算管理委员会负责，其成员通常由企业高层决策人员组成。内部仲裁必须坚持三个原则。一是公正原则。各预算执行主体均是企业内部的责任实体，进行内部仲裁必须一视同仁、不偏不倚，不能因为某部门重要或其效益好而偏向于它。二是整体利益高于局部利益原则。局部利益应以整体利益为重，决不容许为了局部利益而牺牲整体利益。三是群策群力原则。内部纠纷源于内部，依靠群众的智慧和力量，深入实际调查研究，有利于纠纷的顺利解决。

第五章　企业财务会计与财务信息的控制

第一节　企业财务信息及其控制

一、财务信息及其控制概述

"控制论"的创始人、美国科学家维纳认为："信息是在适应外部世界，并使这种适应反作用外部世界的过程中，同外部世界进行相互交换的内容名称。"信息的定义包括了以下要素：①主体——人们；②客体——外部世界；③目的——适应外部世界；④本质——人们与外部世界相交换的内容名称。从这一定义出发，可以说财务信息是财务信息主体在认识财务控制客体，并反作用于财务控制客体的过程中，与财务控制客体进行交换的内容名称。按照这一概念，其既包括财务会计的核算信息，又包括财务预测信息、财务决策信息、财务计划信息、执行计划信息等。

(一)财务信息的分类

1. 企业财务信息按来源分类

企业财务信息按来源分为内源性和外源性企业财务信息。内源性企业财务信息是指在企业内部形成、存储和传播的各种财务信息,如生产车间的制造费用、管理部门的管理费用、产品成本等。由于企业财务运动的状态与方式受到财务环境的影响,企业需要从外界搜寻外源性企业财务信息,如国家产业政策、行业发展新动向、竞争对手财务状况等。

2. 企业财务信息按时态分类

企业财务信息按时态分为历史、现在和未来的企业财务信息。过去,企业财务信息管理工作往往由会计做,突出强调信息的客观、真实,财务分析方法偏重于利用历史信息进行事后评价。随着市场竞争程度的日益加剧,为使企业立于不败之地,管理者总是希望第一个做出决策并随时调整策略,对信息前瞻性和及时性方面的要求就提高了。企业财务信息管理在时态上要跳出历史信息的限制,按需使用其他时态的企业财务信息,如在投资决策中使用预测性财务信息,在日常控制中使用实时反馈信息。[①]

3. 企业财务信息按表述方式分类

企业财务信息按表述方式分为定性和定量财务信息。随着企业所面临的财务环境和所进行财务活动的日益复杂化,管理者除了继续需要有形资产信息外,也开始关注技术、人才、竞争力等无形资产信息,以及企业经营管理应承担的社会责任信息。这样,传统以货币计量的定量企业财务信息远远不能满足需求,必然发展出集文字、数字、图表甚至影音于一体,定性和定量相结合的表述方式;而在反映存货、专利技术、市场份额等情况时,必然使用到件、项、百分比等计量单位。

4. 企业财务信息按存储方式分类

企业财务信息按存储方式分为传统和电子财务信息。前者主要是依托纸质载体存在的企业财务信息;后者则是依托现代信息技术存在的企业财务信息,具有存储量大、整理加工便捷、传播迅速等特点。

此外,企业财务信息还可以按加工程度分为原始、粗加工和精加工的财务

---

① 卢卫:《集团企业财务信息管理系统研究》,博士学位论文,天津大学,2019。

信息，按稳定程度分为持续性和变动性财务信息，按可预见程度分为正常和例外财务信息，按利用层次分为决策层、经管层和作业层利用的财务信息。

(二) 财务信息的功能

信息论认为，任何一个信息系统，必然具有信息的收集、处理、存储、传递和反馈等功能。信息系统中信息的收集、处理、存储、传递和反馈等功能可以是手工条件下实现的，也可以是利用现代信息技术实现的，无论是在手工条件下，还是在现代信息技术下来实现，其本质是相同的，只是手段不同而已。

1. 财务信息的收集

财务信息是和企业的财务管理工作有关联的信息，它能够使管理者了解本企业及相关企业的运营、财务及发展状况，帮助他们做出有力的决策。财务信息的来源广、范围宽，既有来自企业内部的信息，又有来自企业外部的信息。内部财务信息主要包括：采购部门提供的采购材料和物品的价格、费用、品种、数量，生产部门提供的关于成品和半成品的数量、成本、工人工作量，存储部门提供的存货数量及储存成本，销售部门提供的销售数量、销售费用，会计提供的资金流入及流出数以及其他综合的会计信息，另外，还可以从统计、预算等相关部门获得。外部财务信息主要包括相关财政金融政策、法规的制定和更改；筹资及投资环境是否有利；资本运营的国际动态；相关产业的前景；债权人的要求和债务人的财务实力；等等。外部财务信息的收集方式也是多种多样，但难度相对于内部信息要大。

2. 财务信息的加工

财务信息的数量很大，内容混杂烦琐，形式多样，主次不分，因此多数信息都要经过加工。财务信息的加工包括鉴别筛选、分类归纳、计算分析、汇总及信息形式转换等。信息加工过去主要靠人工，现在计算机可以完成许多工作，其优势是速度快，节省人工和时间，但控制环节的失效是其致命缺点，随着网络技术的不断发展和其他配套系统工作的完善，相信在不久的将来缺点可以克服。

3. 财务信息的传递和储存

内部财务信息的传递是财务信息从产生开始，沿着一定的路径，经过必要的环节向信息的最终使用者传送的过程。由于很多财务信息需要反复使用，所以信息的存储工作应引起足够的重视。外部信息的传递方式和内部信息不同，在组织机构健全的情况下，外部信息的传递主要靠现代化的通信手段。

（三）企业财务会计的信息质量要求

会计信息质量要求亦称为会计原则，是实现企业财务会计目标的基本要求，是使财务报告中所提供会计信息对投资者等使用者决策有用的基本特征，主要包括可靠性、相关性、可理解性、可比性、实质重于形式、重要性、谨慎性和及时性等。其中，可靠性、相关性、可理解性和可比性是会计信息的首要质量要求，是企业财务报告中所提供会计信息应具备的基本质量特征；实质重于形式、重要性、谨慎性和及时性是会计信息的次要质量要求，是对可靠性、相关性、可理解性和可比性等首要质量要求的补充和完善，尤其是对某些特殊交易或者事项进行处理时，需要根据这些质量要求来把握其会计处理原则。另外，及时性还是会计信息相关性和可靠性的制约因素，企业需要在相关性和可靠性之间寻求一种平衡，以确定信息及时披露的时间。

1. 可靠性

会计信息质量的可靠性，要求企业应当以实际发生的交易或者事项为依据进行确认、计量和报告，如实反映符合确认和计量要求的各项会计要素及其他相关信息，保证会计信息真实可靠、内容完整。会计信息要有用，必须以可靠为基础，如果财务报告所提供的会计信息是不可靠的，那么就会给投资者等使用者的决策产生误导甚至损失。

可靠性要求企业应当做到以下两点：一是以实际发生的交易或者事项为依据进行确认、计量，将符合会计要素定义及其确认条件的资产、负债、所有者权益、收入、费用和利润等如实反映在财务报表中，不得根据虚构的、没有发生的或者尚未发生的交易或者事项进行确认、计量和报告；二是在符合重要性和成本效益原则的前提下保证会计信息的完整性，其中包括应当编制的报表及其附注内容等应当保持完整，不能随意遗漏或者减少应予披露的信息，与使用者决策相关的有用信息都应当充分披露。

2. 相关性

会计信息质量的相关性，要求企业提供的会计信息应当与投资者等财务报告使用者的经济决策需要相关，有助于投资者等财务报告使用者对企业过去、现在或者未来的情况做出评价或者预测。会计信息是否有用、是否具有价值，关键看其与使用者的决策需要是否相关，是否有助于决策或者提高决策水平。相关的会计信息应当有助于使用者评价企业过去的决策，证实或者修正过去的有关预测，因而具有反馈价值。相关的会计信息还应当具有预测价值，有助于使用者根据财务报告所提供的会计信息预测企业未来的财务状况、经营成果和现金流量。例如，区分收入和利得、费用和损失，区分流动资产和非流动资产、流动负债和非流动负债以及适度引入公允价值等，都可以提高会计信息的预测价值，进而提升会计信息的相关性。

3. 可理解性

会计信息质量的可理解性也称为明晰性，是指会计记录和会计报告要做到清晰完整、简明扼要，数字记录和文字说明能一目了然地反映企业经济活动的来龙去脉，便于会计信息使用者正确理解和有效利用。企业编制财务报告、提供会计信息的目的在于使用，而要令使用者有效使用会计信息，应当让其了解会计信息的内涵，明白会计信息的内容。这就要求财务报告所提供的会计信息应当清晰明了、易于理解。只有这样，才能提高会计信息的有用性，实现财务报告的目标，满足向投资者等财务报告使用者提供决策有用信息的要求。

4. 可比性

会计信息质量的可比性，要求企业提供的会计信息应当相互可比。一方面要求同一企业不同时期的会计信息可比。为了便于投资者等财务报告使用者了解企业财务状况、经营成果和现金流量的变化趋势，比较企业在不同时期的财务报告信息，全面、客观地评价过去、预测未来，从而做出决策，会计信息质量的可比性要求同一企业不同时期发生的相同或者相似的交易或者事项，应当采用一致的会计政策，不得随意变更。但是，满足会计信息可比性要求，并非表明企业不得变更会计政策。如果按照规定或者在会计政策变更后可以提供更可靠、更相关的会计信息的，可以变更会计政策。有关会计政策变更的情况，应当在附注中予以说明。另一方面要求不同企业相同会计期间会计信息可比。为了便于投资者等财务报告使用者评价不同企业的财务状况、经营成果和现金流量及其变动情况，会计信息质量的可比性要求不同企业同一会计期间发生的相同或者相似的交易或者事项，应当采用规定的会计政策，确保会计信息口径一致、相互可比,以使不同企业按照一致的确认、计量和报告要求提供有关会计信息。

5. 实质重于形式

会计信息质量的实质重于形式,要求企业应当按照交易或者事项的经济实质进行会计确认、计量和报告,不仅仅以交易或者事项的法律形式为依据。企业发生的交易或事项,在多数情况下,其经济实质和法律形式是一致的。但在有些情况下,会出现不一致。例如,企业按照销售合同销售商品但又签订了售后回购协议,虽然以法律形式实现了收入,但如果企业没有将商品所有权上的主要风险和报酬转移给购货方,没有满足收入确认的各项条件,即使签订了商品销售合同或者已将商品交付给购货方,也不应当确认销售收入。

6. 重要性

会计信息质量的重要性,是指在会计报表全面地反映企业财务状况和经营成果的前提下,对于预期可能对进行经济决策发生重大影响的事项,应单独反映,重点说明。而对于影响很小的、不重要的经济事项,则可以根据会计信息的效用与核算本身的耗费的对比关系,在会计记录或会计报表上予以简化或省略。重要性要求企业提供的会计信息应当反映与企业财务状况、经营成果和现金流量有关的所有重要交易或者事项。如果会计信息的省略或者错报会影响投资者等财务报告使用者据此做出的决策,该会计信息就具有重要性。重要性的应用需要依赖职业判断,企业应当根据其所处环境和实际情况,从项目的性质和金额大小两方面加以判断。

7. 谨慎性

会计信息质量的谨慎性,要求企业对交易或者事项进行会计确认、计量和报告保持应有的谨慎,不应高估资产或者收益,低估负债或者费用。在市场经济环境下,企业的生产经营活动面临着许多风险和不确定性,如应收款项的可收回性、固定资产的使用寿命、无形资产的使用寿命、售出存货可能发生的退货或者返修等。会计信息质量的谨慎性,要求企业在面临不确定性因素的情况下做出职业判断时,应当保持应有的谨慎,充分估计各种风险和损失,既不高估资产或者收益,也不低估负债或者费用。例如,要求企业对可能发生的资产减值损失计提资产减值准备、对售出商品可能发生的保修义务等确认预计负债时,就体现了会计信息质量的谨慎性要求。谨慎性的应用也不允许企业设置秘密准备，如果企业故意低估资产或者收益，或者故意高估负债或者费用，将不符合会计信息的可靠性和相关性要求，甚至损害会计信息质量，扭曲企业实际的财务状况和经营成果，从而对使用者的决策产生误导，这是会计准则所不允许的。

8. 及时性

会计信息质量的及时性，是指应当对企业的经济活动进行会计处理，形成各种会计资料，并把会计资料及时地传递出去，保持会计信息的时效性，以供使用者有效地加以利用。在会计核算过程中遵循及时性原则，主要做到以下三个方面的及时。一是要求及时收集会计信息，即在经济业务发生后，及时收集整理各种原始单据；二是及时处理会计信息，即在国家统一的会计制度规定的时限内，及时编制出财务会计报告；三是及时传递会计信息，即在国家统一的会计制度规定的时限内，将编制出的财务会计报告传递给财务会计报告使用者。及时性要求企业对于已经发生的交易或者事项，及时进行确认、计量和报告，不得提前或者延后。会计信息的价值在于帮助所有者或者其他方面做出经济决策，具有时效性。即使是可靠、相关的会计信息，如果不及时提供，就失去了时效性，对于使用者的效用就大大降低，甚至不再具有实际意义。

二、财务信息控制

企业财务信息是否畅通，关系到整个财务控制系统的运行效率。无论什么控制都离不开真实、及时的信息，财务控制是一个动态的控制过程，要确保实现企业的财务目标，必须及时掌握各基层单位的财务信息，并不断调整偏差，加以控制，充分发挥财务信息的决策价值与控制功能。这从根本上依赖于各基层单位的全面的、全过程的财务信息反馈，企业财务信息控制在财务控制中协调着各项财务活动，离开了财务信息，财务控制就无从谈起，其重要性和现实意义不言而喻。

(一)财务信息控制的重要性

1. 从内容来看

企业财务信息既包括会计信息,又包括财务预测信息、财务决策结果信息及其财务计划执行过程中的信息,即事前财务信息、事中即时财务信息及事后评价和预测未来的财务信息,贯穿了企业经营活动的全方位、全过程。企业向被控制者发出企业财务战略规划、财务预算、财务制度、绩效考评制度等控制信息,通过财务信息反馈获得被控制者的执行效果和结果,加以经营活动分析、财务风险预测等手段进行剖析,及时对被控制者进行指导与纠偏,为企业调整和优化战略部署及时提供参考,最终达到财务控制的目的,实现企业财务目标。如果没有财务信息的反馈,财务控制根本无法实施。

2. 从范围看

由于企业财务控制的多层次性,企业的信息交流既包括各层次财务控制主体之间的上下级纵向信息交流,也包括同一层次的财务控制主体相互之间的横向信息交流。这些纵横交错的财务控制主体与被控制者之间,同层次的控制主体与各利益相关者之间以及企业总部与各级子公司之间的信息都是不对称的,势必会导致代理人的逆向选择行为和道德风险,代理人为维护自身利益很可能选择提供虚假财务信息,或做出利于小团体但损害企业整体利益的决策。因此,在企业各层级加强财务信息控制,可以尽量减少信息的不对称性,降低不利影响,减少经济损失。由于企业各层级、各控制主体与各控制对象之间不是绝对孤立存在的,而通过资本、技术、资金等纽带的联结和委托代理关系的存在有着相互的关联关系,企业内部任意一个层面上任意一个环节的信息失控可能会导致整个企业的灾难。在企业内部只有建立起各层次财务控制主体获取财务信息并能及时反馈财务信息的高效通道,才能保证财务信息的真实性、及时性和可比性、可靠性,才能为企业财务控制的展开打下坚实的基础。

(二)财务信息控制的措施

1. 建立财务信息质量控制制度

结合企业特点建立一套财务信息生成、分析、上传、反馈和对外部信息使用者披露等财务信息质量控制制度。首先要推行统一的会计核算制度。统一会计政策、会计核算办法；统一会计报表格式；统一财务信息质量标准；统一财务信息报告标准，使得财务信息的提供具备规范性、系统性、全面性、实用性和可比性。第二，对各层级财务信息的生成、加工和披露统一工作规范。对财务信息的上报、收审、筛选、反馈等事项从工作时间到内容再到使用范围都制定统一的规范，针对不同层级的特性再加以个性补充和调整，使得整个企业的财务信息质量控制有章可循，财务信息报送流程控制有据可考，整个财务信息控制工作有条不紊，实用性强，可操作性强。

2. 建立财务信息跟踪制度与牵制机制

为了确保财务信息的质量，防止虚假的财务信息通过层层委托代理关系在企业内部传递，应当在制度上建立信息跟踪制度与牵制机制。比如，可以实行双轨制，另行开辟一条渠道，将这一渠道获得的财务信息与通过层层委托代理关系获得的财务信息相互验证、相互牵制，经过筛选和分析，可以及时发现虚假的财务信息。这可以通过委派财务人员、增加内审频率和统一委托外部审计等方式做到。可以制定总经理为第一责任人的财务信息质量控制制度，并将财务信息质量的考评纳入对其经营成果的考核兑现中，直接与其个人奖惩挂钩，降低其造假财务信息的机会成本。

3. 实施财务管理信息化

财务信息的集成化是实施有效财务控制的基础，这需要有一个良好的、迅捷的信息支持系统。计算机网络技术的迅猛发展，为财务网络电算化提供了可能，为提高企业财务信息的有效性创造了现实条件。其优点主要体现在：①财务信息的录入分布在各工作站上同时进行，提高了财务信息的及时性；②企业总部有汇总功能，提高了财务信息搜集效率；③上级的主管领导可方便查询各种财务信息数据，并通过应用软件随时制成各类统计分析资料与财务分析报告，结合管理信息子系统提供的财务与非财务信息，为高层领导的经营决策提供及时可靠的数据参考。此举可有效杜绝人为因素的干扰，增加信息的真实性、准确性，可实现权限内财务信息共享，打破信息孤岛的态势，可提供实时财务信息监控，有利于控制财务风险。

第二节　企业财务信息的风险控制

一、系统控制

系统控制是指与程序设计、运行维护、数据处理过程、网络维护与管理等相关的可靠性控制制度。根据信息技术应用下的内部财务控制中新的控制风险，我们一般从企业内部网和企业外部网两个角度加强控制力度。

（一）企业内部网的控制措施

1. 财务数据资源控制

财务数据资源控制是整个系统控制的主要安全目标，以防止数据程序被修改、损毁和被病毒感染。各项处理应层层设防，严加防范。进入系要设置基本口令，防止无关人员非法进入。各个子系统各个模块也要设置相应的口令，防止无权人员的非法操作。对于特定的信息，哪些人可以读，哪些人可以改写，哪些人可以复制等，必须严格规定。同时建立"操作日志"，记录所有人员对系统的所有操作，包括操作时间、操作方式、查询和修改的数据等，系统一旦出现问题可据此寻找相关人员进行核查。

2. 系统开发控制

系统开发控制是指对财务信息系统处理程序编制工作的控制。目的是确保财务信息系统处理程序开发过程及其内容符合内部财务控制的要求，保证网络财务信息系统开发过程中各项活动的合法性和有效性而设计的控制措施。它应贯穿于系统规划、系统分析、系统设计、系统实施和系统运行测试与维护的各个阶段。

3. 系统应用控制

系统应用控制是指具体的应用系统中用来预防、检测和更正错误，以及防止不法行为的内部财务控制措施。应用控制具有特殊性，不同的应用系统有不同的处理方式、处理环节，因而有不同的控制问题和控制要求。但是，一般说来，电算化财务信息系统的应用控制包括数据输入控制、数据处理控制、数据输出控制等类型。①

（二）基于企业外部网的控制措施

1. 周界控制

周界控制通过对安全区域的周界进行控制来达到保护区域内部系统的安全性目的，它是预防一切可实施外来攻击措施的基础，主要内容包括：①设置外部访问区域，明确企业内部网络的边界，防止黑客通过电话网络进入系统；②建立防火墙，在内部网和外部网之间的界面上构造保护屏障，防止非法入侵，非法使用系统资源。

2. 大众访问控制

大众访问包括文件传递、电子邮件、网上财务信息查询等，由于网络系统是一个全方位开放的系统，对社会大众的网上行为实际上是不可控的。因此，应该在财务信息系统网络外部访问区域采取相应防护措施。

3. 远程处理控制

信息化财务系统往往都建立在网络的基础上，它的应用为企业实现远程报表、远程报账、远程查账、远程审计以及财务远程监控等创造了条件，这些功能的启用也必须采取相应的控制措施，例如，合理设计信息化财务系统各个分支系统的安全模式并实施；进行远程处理规程控制。

4. 数据通信控制

数据通信控制是为了防范数据在传输过程中发生错误、丢失、泄密等问题而采取的内部财务控制措施。企业应采取各种有效措施来保护数据在传输过程中安全、准确、可靠。主要措施有：①保证良好的物理安全，在埋设电缆的位置设立标牌加以防范，尽量采用结构化布线来安装网络。②采用虚拟专用网线

---

① 王燕儿：《企业财务管理信息化与风险控制》，《中国集体经济》2023年第17期。

路传输数据，开辟安全数据通道。③对传输数据进行加密和数字签名，在系统的客户端和服务器之间传输的所有数据都进行两层加密，保证数据的安全性，使用数据签名确保数据的安全性和完整性。

5. 防病毒控制

在系统的运行和维护中应高度重视计算机病毒的防范及相应的技术手段和措施。可以采用如下的控制措施：①不需要本地硬盘和软盘的工作站，尽量采用无盘工作站。②采用基于服务器的网络杀毒软件实时进行监控、追踪病毒。③对外来软件和传输的数据必须进行病毒检查。④及时升级本系统的防病毒系统。

二、管理控制

管理控制是运用现代管理学的组织规划、资源使用限制等原理，制定诸如业务流程、工作程序、岗位设置、职责分工、授权批准等一系列内部财务控制制度。信息技术的引进以及现代社会经济的崭新变化，使我们要在以往内部财务控制形式上注入新的特色。构建内部财务控制系统时应注意以下几个问题。

第一，完善内部财务控制环境，提高企业信息处理能力，企业为了适应控制环境的变化，需要从一个新的角度来看待信息技术，要重视企业进行网络化管理的IT能力，而不是简单地建立诸如储存系统、存货控制系统等几个孤立的IT系统。

第二，识别信息化环境下的新风险，利用信息资源进行风险控制，建立新型的风险控制体系，注意识别新环境下的新风险。

第三，充分引入信息技术，增强内部财务控制。增强内部财务控制系统的预防功能。实现企业的一体化集成管理。

第三节　企业财务管理信息化研究

一、财务管理信息化的特点

财务管理信息化是近年的一个新提法，指企业以业务流程重构为基础，在一定的深度和广度上利用计算机技术、网络技术和数据库技术，形成现代财务管理与现代信息技术的整合进而建立开放的财务管理信息系统，提供经营预测、决策、控制和分析手段，实现企业内外部财务管理信息的共享和有效利用，以提高企业的经济效益和市场竞争力。

财务管理信息化比会计电算化和会计信息化有更广阔的范围，将会计和财务工作统一规划，管理上升到决策支持的层次，强调与企业其他系统的整合，为实现企业信息化服务。财务管理信息化是在特定的环境下产生的一种全新的财务管理方式，它具有自己的特点。[1]

（一）实现物流、资金流、信息流同步化

财务管理信息化在信息技术的支持下，采取经济业务事件驱动会计模式，由生产经营活动直接产生财务数据，保证生产经营活动与财务数据相一致，财务部门从系统中及时取得资金信息，通过资金流动状况反映物料流动和企业生产经营情况，实时分析企业的成本和利润，提供决策所需要的信息，从而实现物流、资金流、信息流同步产生。

---

[1] 李海涌：《财务信息化视角下企业财务内部控制措施》，《商场现代化》2023 年第 5 期。

（二）财务管理集成化

财务管理集成化是指在企业内部网络和信息系统的基础建设上，从科学及时决策和最优控制的高度，将信息采取科学、及时决策和最优控制的原则作为战略资源加以开发和利用，并根据战略需要把诸多现代科学管理方法和手段有机地集成，实现企业内财务人员、资金、信息等的综合优化管理。

（三）财务组织弹性化

财务管理组织不再是以前传统的垂直式组织结构，而是根据实际管理的需求，管理重心下移，减少环节，降低成本，建立扁平化、网络化的财务组织，加强组织横向联系，使企业不仅上下流通无阻，横向交流也顺畅，达到及时反馈财务信息，从而有利于企业财务预测、财务决策、财务分析及财务控制。

（四）财务资源供应链化

在信息时代，企业为了适应激烈的竞争，由单个企业间的竞争转变为供应链的竞争。这些供应链企业相互之间存在密切的关系，因此在进行财务管理时，应该考虑到这个因素，财务管理的资源不能仅限于本企业，而应该站在供应链的角度进行财务决策。

（五）财务管理人本化

信息社会中企业内部和外部的信息网的建立，大大降低了企业获取有形资源的信息成本，资金和其他生产资料相对丰裕，不再是稀缺的了。与此同时，信息人才成为十分"稀缺"的资源，相应地其管理的重点也由物的管理转向人的管理，其本质是对信息人才的管理。特别是注重人力资源的开发，真正做到人尽其才。财务管理中采用"人本化"理念，更加具有"人情味"。

（六）财务与会计分工模糊化

在传统组织中，财务工作完全按照部门划分，各部门之间经常发生摩擦。在20世纪80年代初期，我国会计理论界就会计和财务管理"谁包括谁"的问题，进行过大量的讨论，持"大会计观"与"大财务观"的学者各持己见，争执不休。实施财务管理信息化后,在信息技术的支持下,通过业务流程重组,使财务组织与会计组织相互之间的界限模糊,会计和财务不再需要对其进行区分界定,它们统一在财务信息系统之中。

二、企业财务管理信息化的内容

财务管理信息化的实现依靠若干个信息系统的集成,一般来说,财务管理信息化应该包括会计事务处理信息系统、财务管理信息系统、财务决策支持系统、财务经理信息系统以及组织互连信息系统五个部分。其中,会计事务处理信息系统的作用是提供精确、及时的信息,提高财务工作效率和成功率;财务管理信息系统、财务决策支持系统和财务经理信息系统,从不同的角度、不同的层次解决财务管理中的计划、控制、决策等问题;组织互联信息系统解决企业内部组织之间以及企业与关联企业之间的信息传输问题。这些系统的成功建立以及相互之间的集成管理是财务管理信息化成功的体现,她们之间的关系密不可分。

(一)会计事务处理信息系统

当企业发生经济业务时,会计事务处理信息系统就会对其进行处理并将它保存或存储到数据库中,财务管理的各个部门,各个员工都能以某种形式或方式对其进行访问。一个会计事务处理信息系统通常由多个不同功能的子系统组成,每个子系统通过组织互联系统完成特定的会计数据处理,提供特定部分的信息,各子系统之间互相传递信息,共同完成一个既定的系统目标。会计的基本职能是反映、监督,因此会计事务信息处理系统通常分为会计核算信息子系统、会计管理信息子系统。其中,每个子系统可根据会计业务的范围继续分为若干个子系统或功能模块。

(二)财务管理信息系统

从财务管理的具体内容来看,财务管理中的一部分问题,它们具有固定的处理模式,具有一定的规范性,对这一类问题,我们通过建立财务管理信息系统来进行解决。财务管理信息系统是一种新型的人机财务管理系统,它以现代化计算机技术和信息处理技术为手段,以财务管理提供的模型为基本方法,以会计信息系统及其他企业管理系统提供的数据为主要依据,对企业财务管理的结构化问题进行自动或半自动的实时处理。财务管理信息系统的主要目标是概括发生的事情并把人们引向存在的问题和机遇。例如,对产品库存的管理,财务管理信息系统可以显示哪些产品库存已降低到需要补充的日报表,以提醒财务人员应采取订购更多产品的措施。

(三)财务决策支持系统

财务管理中的大部分问题属于半结构化或非结构化的问题,都难以事前准确预测,且各种问题以及解决问题的方法是随环境变化而变化的,对这些半结构化和非结构化的问题,则需要通过建立财务决策支持系统来解决。财务决策支持系统是一种非常灵活的交互式IT系统,它可以用来支持对半结构化或非结构化的问题进行决策。一般说来,财务决策支持系统通过其良好的交互性,运用不同的模型,列举可能方案,协助分析问题,估计各种不确定方案的结果,预测未来状况等方式,为企业决策者制定正确科学的经营决策提供帮助。

(四)财务经理信息系统

这种系统是一种将会计事务处理系统、财务管理信息系统、财务决策支持系统相结合的高度交互式信息系统。它能帮助财务经理识别并提出问题和机会,通过将辅助背景材料与现实情况相结合,使企业的财务主管能够灵活、方便地从更多观察视角了解问题和机遇。通过财务信息系统,财务主管可以充分利用企业数据仓库,对其进行数据挖掘而且可以对财务报告的输出形式进行灵活选择,以提供更明确和更具深度的信息。

(五)组织互联系统

组织互联系统可以使企业的财务部门与其他部门、本企业与其他关联企业之间的财务信息自动流动,用以支持企业财务管理的计划、组织、控制、分析、预测、决策等各个环节,以支持企业的管理与生产。

第六章　企业财务会计与财务风险的控制

第一节　企业财务风险的识别

一、企业财务风险种类及特征

（一）企业财务风险种类

财务风险来自企业的财务管理活动。企业的财务风险和其他风险相互影响、共同作用，可能会让企业陷入财务困境，导致无法实现财务管理目标，循环下去会威胁到企业的持续经营。前已述及，财务风险是企业在财务管理活动过程中，由于各种难以预料或控制的因素存在，使其实际结果和预期结果发生背离，进而产生损失的可能性。因此，我们按照产生财务风险因素的来源，将企业各种各样的财务风险分为内部财务风险和外部财务风险。前者包括战略风险、融资风险、投资风险、资金营运风险、利润分配风险和税务筹划风险等；后者包括市场风险、流动性风险、信用风险、汇率风险和利率风险等。

1. 内部财务风险

（1）战略风险

战略风险是指企业在追求短期目标和长期发展目标的系统化管理过程中，不适当的未来发展规划和战略决策可能威胁企业未来发展的潜在风险。严格地讲，战略风险不属于财务风险，但是战略风险最终总会发展到财务风险，而且对财务风险的影响较大，因此我们在分析财务风险时，也同时分析战略风险。

在实际操作过程中，战略风险管理可以被理解为双重含义。一是企业发展战略的风险管理。针对企业外部环境和内部可利用资源，系统识别及评估企业既定的战略目标、发展规划与实施方案是否存在潜在风险，并采取科学的决策方法或风险管理措施来避免或者降低风险。二是从战略性的角度管理企业的各类风险。在进行信用风险、市场风险以及其他风险管理过程中，从长期的、战略的角度充分准备、准确预期未来可能发生的意外事件或不确定性，将各类风险的潜在损失控制在可接受范围内，确保企业的平稳运行和发展。[①]

（2）融资风险

融资风险是企业在融资决策与执行决策中出现失误，给财务方面带来困难和意外负担，甚至产生资不抵债的可能性。随着金融市场体系的不断发展、完善，企业的融资渠道呈现多元化趋势，概括起来融资方式主要有债务融资和股权融资两种。债务融资受固定利息负担和债务期限结构等因素的影响，若企业经营管理不善或投资决策失误，则可能产生举债融资风险；在股权融资过程中，当企业投资报酬率下降，因而不能满足投资者的收益目标时，投资者可能就会丧失对企业的投资信心，转而抛售公司股票，从而造成企业股价下跌。同时，也可能使企业再融资的难度加大，导致融资成本上升。特别是当经营出现问题时，企业极易成为竞争对手的收购对象。

（3）投资风险

企业投资风险是企业投资后，由于受内外部诸多不确定因素的影响，使投入资金的实际使用效果偏离预期结果，存在投资报酬率达不到预期财务目标的可能性。投资是企业财务活动的重要环节，企业对内（包括内部项目投资和企业内部企业之间的相互投资）、对外项目（包括外商直接投资和间接投资）投

---

① 胡翠萍：《企业财务风险传导机理研究》，武汉大学出版社，2016。

资是非常普遍的。对内、对外项目投资均存在一定的投资风险。

根据企业的投资内容归类分析，投资风险主要包括对外投资风险、企业内部项目投资风险等。企业对外投资风险是由于存在不确定因素，导致企业对外投资活动的收益与预期目标出现不利差异的可能性。包括企业将资金直接投放于被投资企业的生产经营性资产（包括现金、实物资产、无形资产等）、债券和股票上产生的风险。

企业的对外投资风险和内部项目投资风险受到外部市场环境、被投资企业经营情况等不确定性因素的影响，存在对外直接投资风险、证券投资风险和项目投资风险。

（4）资金营运风险

企业资金营运风险是企业在流动资金管理过程中，由于内外不确定因素的存在使得营运环节的资金流动在时间和金额上出现不同步，造成实际收益与预期收益发生偏离的可能性。由于对企业的生产经营成果影响比较大的资产主要是流动资产，因此营运环节上的资金主要指流动资金，即投放在流动资产上的资金。流动资金主要包括现金、应收账款和存货等项目。相应地，资金营运风险主要指现金、应收账款和存货等管理方面存在的风险。由于在不同时点上，对现金、应收账款和存货等进行不同额度的资金投放，会承担不同的机会成本、持有成本、管理成本、短缺成本，因而存在着不同程度的风险损失的可能性。

（5）利润分配风险

利润分配风险是企业由于利润分配可能给企业整体价值和今后的生产经营活动带来不利影响的可能性。合理的利润分配政策能够调动投资者和企业经营者的积极性，提高企业声誉，增强企业的盈利能力，对于股份制企业而言还会带来股价的上涨，为融资活动奠定良好的基础，带来风险收益；反之则可能带来风险损失。利润分配风险是由利润分配的形式、时间和余额而产生的，与盈利状况、偿债压力、再融资能力、利润分配政策选择等有很大关系。例如，如果企业采取不合理的分配政策，单一地采取配股方式或不进行收益分配，又会使出资者的积极性受挫，降低企业的信誉，给企业带来风险。如果企业能够在合理的时间对利润以恰当的形式和金额进行分配，则会有助于企业整体价值的提升。

(6) 税务筹划风险

税务筹划风险是企业税务筹划没能实现整体税负最低的可能性。税务筹划是纳税人在税法规定许可的范围内，通过对经营、投资和理财活动事先进行筹划及安排，从而取得节约税收成本的经济活动。目前税务筹划已经成为大多数企业风险战略和财务风险管理的研究对象及可以利用得极好的策略之一，它不单纯涉及节税问题，还可能由此引起企业组织架构、投资、营销手段和途径、成本管理与控制、利润目标的实现等方面一系列相应的反应。拥有国内、国际投资的企业都希望通过税务筹划在税种、税率上节税，提高企业整体利益。目前世界各国关于纳税方面的法规日臻完善，企业合理避税空间越来越小，如某些国家针对跨国公司通过转移定价偷逃税款现象制定了各种措施进行围追堵截，限制和打击不法操作。因此，企业在税务筹划时，应该全面系统地研究有关税收政策，有策略地予以实施，特别关注税务筹划风险，防止合理避税转变成偷逃税行为。

2. 外部财务风险

(1) 市场风险

市场风险是指因市场突变、人为分割、竞争加剧、通货膨胀或者紧缩、消费者购买力下降、原料采购供应等因事先没有预测到的因素，导致市场份额下降，或者出现反倾销、反垄断指控的风险等；或者由于市场方面的原因导致市场价格的不利变化，使企业发生损失。市场风险存在于企业的交易和非交易业务中。严格地讲，市场风险不属于财务风险，但是市场风险最终会发展到财务风险中，而且对财务风险的影响较大，所以，我们在分析财务风险时，也应该分析市场风险。

(2) 流动性风险

流动性风险是指企业无力为负债的减少、资产的增加提供融资而造成损失或破产的风险。当企业流动性不足时，它无法以合理的成本迅速增加负债或变现资产获取足够的资金，从而影响其盈利水平，极端情况下会导致资不抵债。流动性风险包括资产流动性风险和负债流动性风险。资产流动性风险是指资产到期不能如期足额收回，进而无法满足到期负债的偿还和新的合理贷款及其他融资需求，从而给企业带来损失的风险。负债流动性风险是指企业过去筹集到的资金由于内外因素变动而发生不规则变动，对其产生冲击并引发相关损失的风险。

（3）信用风险

信用风险是企业在营销或担保等业务中，由于信息、考核指标等方面的原因，对顾客的信用水平判断以及信用管理上出现偏差，导致财务损失的可能性。信用风险的种类具体包括逾期拖欠、不能足额还本付息、坏账等。

信用是一种建立在信任基础上的能力，不用立即付款即可获取资金、物资、服务等的能力。这种能力受到一个条件的约束：收益方在其应允的时间期限内为所获得的资金、物资、服务而付款或还款，上述时间期限必须得到提供方的认可。在这种交易过程中，资金、物资和服务的提供一方永远存在一定程度的风险，这种风险即客户信用风险。

（4）汇率风险

汇率风险是由于汇率变化引发企业损益变动的可能性。汇率是两种货币兑换的比率或者比价，即一国货币用另一国货币表示的市场价格，体现两种货币之间的互换关系。一般说来，企业在从事国际贸易、国外融资、国外投资的过程中，都面临着汇率风险。根据产生的原因，汇率风险大致可以分为外汇交易风险和外汇结构性风险两类。交易风险主要来自两个方面：一是为客户提供外汇交易服务时，未能立即进行对冲的外汇敞口头寸；二是企业对外汇走势有某种预期而持有的外汇敞口头寸。外汇结构性风险是因企业资产和负债以及资本之间币种的不匹配而产生的。

（5）利率风险

利率风险是由于利率变化引发损益变动的可能性。利率风险可分为利率变动风险、再融资风险等。企业借出或者借入资金，面临的一种风险就是利率风险。利率变化可能导致企业收到的利息低于预期或者企业支出的利息高于预期的结果；到期利率不变的金融资产在市场利率发生变化时其价值也发生变化。利率风险引起价格风险（一种物品价格发生变动的风险）或市场风险。利率风险对股票也有影响。股东收取的是股息，而不是利息。如果市场上的利率上调，股票价格和债券一样，也存在下跌的趋势。

（二）企业财务风险特征

财务风险表现为企业在一定时期内实际的财务收益与预期收益发生偏离，

从而蒙受损失的可能性。正确认识财务风险特征，有利于我们正确了解财务风险，以便更好地管理财务风险。

1. 财务风险具有客观性和投机性

对于一般风险的分类，按照是否涉及决策者的主观心理感受，可以分为主观风险和客观风险；按照是否能给风险承担者带来收益，可以分为纯粹风险和投机风险。按照以上分类，企业财务风险属于客观风险、投机风险。企业财务风险之所以属于客观风险，在于它不以人的主观意志为转移，不管人们是否承认或愿意接受，它都是客观存在的；之所以属于投机风险是由于它与收益相匹配，有风险必有收益。

2. 综合与分散相结合

财务风险贯穿于整个资金运动过程，是企业资金运动过程中各个环节风险的相互作用、相互影响，并在财务上的综合反映，所以财务风险具有综合性，企业要从全局综合考虑财务风险；同时，具体财务风险又分散于资金运动的不同环节，如融资、投资、回收以及分配等环节，每一个环节的风险具有不同的表现形式、不同的影响程度，甚至风险管理方式也有所区别，因而企业又需要考虑具体财务风险。财务风险具有综合与分散相结合的特征。

3. 财务风险是可以管理的

财务风险是客观存在的，它不以人的意志为转移。在财务风险发生之前，我们可以通过客观存在的风险要素、可能产生的风险事件等，全部或在一定程度上认识和预见财务风险；并通过一些指标予以衡量及反映实际财务收益与预期财务收益发生偏离的程度。在识别和衡量财务风险的基础上，人们可以采取各种风险管理措施，预防、转移、分散或者接受财务风险，降低财务风险发生的可能性。例如，对于客户风险，企业可以通过开展信用调查以确定对每位客户的信用政策进行事前防范；通过编制账龄分析表，对于超过信用期较长的欠款客户及时修订原有的信用政策进行事中控制；通过采取催收方式或法律措施把客户信用风险降到最低限度，进行事后控制。财务风险不是一成不变的，在一定条件下会发生强弱的转化，也就是说随着管理科学的进步，企业经营者对某些财务风险的发生、发展的规律逐步掌握，风险控制能力逐步增强，财务风险具有可管理性。

4. 企业财务风险具有"牛鞭效应"

对于较大规模的企业，由于控制链比较长，如果控制链中的成员企业彼此之间信息相对封闭，则控制链上企业对所需信息的曲解会沿着下游向上游逐级放大；如果成员企业互相担保，则财务风险会沿着下游向上游逐级放大；成员企业之间投资，则杠杆效应会沿着下游向上游逐级放大。这种现象即所谓的"牛鞭效应"，使曲解从一点微小的差异最终传递到源头时出现不可思议的放大。如果控制链更长，"牛鞭效应"就会越严重，财务风险就会越大。

5. 企业财务风险具有系统性和动态性

企业财务风险虽然最终表现为价值量风险，但影响风险的因素来自企业运行过程的各个方面，是系统因素综合导致的价值偏离，是企业各种财务风险在价值量上的反映。企业财务风险的系统特征决定了其动态性特征，影响风险的系统因素可能来自企业运行的各个阶段和各个环节，伴随着企业运行进程而随时出现。

二、产品销售市场风险的识别

所谓企业产品销售市场风险，是指企业在产品市场销售过程中，由于市场及相关的外部环境变化所产生的不确定性，而导致企业产品市场占有率及销售价格达不到预期的市场效果，从而影响企业财务收益甚至危及生存与发展的可能性。就一般企业而言，其核心业务通常是生产和经营实体产品（劳务可视为服务产品），因此，其经营活动和收益状况，主要与产品销售市场和原材料供应市场有关。企业产品市场需求、销售量、市场占有率、销售价格、销售利润率及销售回款情况等，均从不同方面对企业经营活动所产生的现金流有一定的影响。因为企业经营活动所产生的现金流占企业现金总流入量的比重较大，是企业现金流的主要来源和核心，因此企业产品销售市场风险是影响企业现金流和企业财务风险的主要风险。而影响企业产品销售市场风险的主要因素可分为消费者需求变动、企业产品市场生命周期、竞争对手与潜在竞争对手、国家产业政策限制等。

（一）消费者需求变动

消费需求是决定企业产品销售量和市场占有率的关键内在因素。而消费需求的主体是消费者，因此消费者行为又因消费者需求受到消费者收入、可支配的购买力，以及产品质量、价格、售后服务、流行时尚及非理性消费行为等多种因素的影响。

消费者需求偏好的多层次、个性化、多样化特点以及消费者收入不稳定性等因素，使消费需求始终处于动态的变化中，从而使企业时刻面临产品需求不断变化的市场风险。

（二）产品市场生命周期

企业产品的市场销售状况，不仅与企业产品自身的价值及使用价值、产品生产成本、价格竞争能力、营销策略等因素有关，还与该企业产品所处的市场生命周期有关。就一般产品而言，其市场生命周期可分为市场投放期、产品成长期、产品成熟期、产品衰落期四个阶段。企业产品刚刚推出时，处于市场试销投放期时，因企业研制新产品的技术及人力投入费用较大，而产品投放市场初期销售量较低，往往不能产生正的净现金流入，因而容易产生较大的财务风险；当企业产品处于成长期或成熟期时，如果企业产品具有一定的竞争力，且市场营销策略运用得当，则企业的产品市场销售量、市场占有率、销售收入、销售利润均会处于较高水平，从而使企业经营活动的净现金流呈现稳定增加状态，此阶段，企业产品市场销售所引起的财务风险较小；而当产品由成熟期转入衰落期时，由于企业产品市场需求量、销售价格及市场份额会逐步下降，因而可能导致企业经营活动所产生的净现金流入由正转负，此时，企业若不能及时调整产品结构，则可能出现较严重的财务风险。

（三）竞争对手及潜在竞争者

随着我国市场化程度的逐步提高，市场竞争将更趋激烈。企业不仅面临原有竞争对手的竞争压力，还面临潜在的竞争者进入的威胁；企业不仅要面对来自国内同行业竞争对手的同业竞争，还要面对来自国外跨国公司进入国内市场后的激烈竞争。目前，企业产品销售市场竞争已经由单纯的价格竞争转向价值竞争。尤其是在科学技术突飞猛进的今天，新工艺、新技术、新材料的出现不仅使原有产品生命周期缩短，更新换代速度加快，而且容易推出性能更好、成本更低、更具竞争优势的替代品，从而使被替代的产品面临市场份额急剧下降，甚至被迫彻底退出市场的风险。

三、投资风险的识别

投资风险则是指投资过程中或投资完成后，由于与投资有关的各种内部及外部因素和环境变化，使投资产生经济损失，未能达到预期投资收益的可能性。而无论何类投资产生的投资损失，最终都反映为企业的财务风险和财务损失。

（一）项目投资所产生的财务风险

企业项目投资，大体可分为现有产品或经营服务领域内的投资及为开拓新产品、市场、新的经营领域的投资，或为分散市场风险而进行的多元化经营活动投资。企业传统产品生产或经营领域内的市场占有率，以规模经济、规模生产来降低生产成本，节约费用支出，以提高本企业产品在市场上的竞争力。而企业所进行的多元化经营投资，其目的往往是分散产品或经营服务单一所带来的市场变化风险。如从事传统工业产品生产的企业，进行房地产投资、高科技项目风险投资或证券、期货投资等，但这种多元化经营投资，在分散原有生产经营领域风险的同时，由于将触角伸入企业不太擅长、不太熟悉的经营领域，往往会造成项目投资决策或实施的失误，从而导致投资失败。

（二）收购兼并投资活动所产生的财务风险

在市场经济中，适者生存、优胜劣汰是企业成长的基本规律。企业要想生存下去，就必须不断发展壮大。在企业的发展过程中，它可以将其生产经营所获利润进行再投资来扩大生产经营规模，也可以发行股票和债券或向银行贷款等筹集资金来扩大生产经营规模，但是，一个最简便有效的办法是通过兼并收购其他企业来扩大生产经营规模。因为收购兼并一个现行企业比投资新建一个同样规模的企业，速度要快得多，费用会少得多。从大型跨国公司或其他大型企业的成长过程来看，通过兼并收购其竞争对手，或者按照产业链纵向及横向收购兼并上下游企业的途径发展成巨型企业，是现代经济发展中的一个普遍现象。

（三）企业技术创新风险

所谓企业技术创新风险，是指企业在实施技术创新过程中，由于外部环境的不确定性，技术创新的超前性、高难度性，技术创新项目的复杂性，以及技术创新主体自身能力与实力的局限性，导致技术创新活动达不到预期目标，带来人力、物力、财力等损失的可能性。技术创新风险的种类很多。其主要类型有技术不足风险、技术开发风险、技术保护风险、技术使用风险、技术取得和转让风险。其成因，一方面源于技术开发自身规律的影响。这些规律包括技术创新外部环境的变化、替代技术的出现、消费者需求的变化、竞争对手的出现、企业生产条件的变化等；另一方面来源于技术创新的艰难性和复杂性，使人们对于技术风险因素测试发生困难，对技术项目开发周期计算不实；同时，技术开发风险还可能来自企业和个人的主观原因，如企业自身实力不强，对技术开发的调研分析不细致，对开发项目的组织和管理协调不够等。此外，其他企业、组织和个人的非法侵害也会给企业技术创新带来风险和损失。

四、担保风险的识别

按照会计学术语，担保又称为"或有负债""或有事项"。即一旦企业为他人提供借款或其他业务担保，便承担了一项现实的义务，也即承担了一项负债。然而这负债在企业的资产负债表中并没有反映出来，但责任却是相同的。即当被担保人不能履行原定的还款义务或约定的合同义务时，按照我国的银行法及商业银行管理条例，担保方的担保义务就变为直接还款义务。此时担保风险就直接成为企业的实际财务风险。由于我国企业法人治理结构存在的缺陷以及企业经营者道德风险的作用，使得对外担保成为企业不容忽视的潜在财务风险之一。

五、信用风险的识别

信用风险是随着市场经济的发展而产生的。市场经济本质上是信用经济、契约经济、法治经济。信用危机所伴随产生的信用风险已成为企业主要财务风险之一。企业的信用风险主要表现在：企业与企业之间的应收货款、其他应收款居高不下；企业与银行之间的"三角债"有增无减、愈演愈烈。信用稀缺及信用危机所带来的信用风险已经成为制约我国市场经济发展的瓶颈及突出问题。企业之间不良的信用环境，尤其是相互之间长期拖欠货款，严重破坏了企业作为市场经济主体赖以正常运转的信用链条，不仅加大了企业在市场经济活动中的交易成本，增大了企业的财务费用及财务风险，更为严重的是，在一定程度上使市场秩序处于混乱状态，不仅直接影响我国经济体制转型，而且也使企业无法适应加入WTO后全球化竞争的严峻挑战。

第二节　企业财务风险的分析

一、企业财务风险定性分析

（一）专家会议法

专家会议是依靠一些专家，对预测对象的未来发展趋势及状况做出判断而进行的一种集体研讨形式。召开专家会议，便于专家互相交流、互相启发，通过讨论与辩论，取长补短，达成共识。同时，由于会议有多人参加，占有的资料和信息较多，考虑的因素也较全面，有利于得出较为正确的结论。

（二）头脑风暴法

头脑风暴法是通过专家间的相互交流，引起"思维共振"，产生组合效应，形成宏观的智能结构，进行创造性思维。它又分为直接头脑风暴法和质疑头脑风暴法。直接头脑风暴法是根据一定规则，通过共同讨论具体问题，发挥宏观智能结构的集体效应，进行创造性思维活动的一种集体评估、预测的方法；质疑头脑风暴法是一种同时召开两个专家会议，集体产生设想的方法。第一个会议完全遵从直接头脑风暴法原则，而第二个会议则是对第一个会议提出的设想进行质疑。

（三）德尔菲法

德尔菲法是在专家个人判断和专家会议方法的基础上发展起来的一个新型直观预测方法，它采用函询调查的方法，向有关领域的专家提出问题，然后将他们回答的意见综合整理、归纳，匿名反馈给各个专家，再次征求意见，然后再加以综合反馈。这样经过多次反复循环，而后得到一个比较一致且可靠性较大的意见。该法对未来发展中的各种可能和期望的前景做出概率估价，因此该法为决策者提供了多方案选择的可能性，具有较大的优越性。

二、财务风险定量分析

（一）债权融资对权益资本收益与风险的影响

债权融资对股东利益的影响是一把双刃剑。一方面，企业负债经营可以为企业带来一定的财务杠杆效应，即在一定的条件下，债务比例的提高会使权益资本的收益率相应提高；另一方面，随着收益的增加，财务风险也同时增加。影响债权融资的杠杆利益与财务风险的决定因素主要有以下几点。

第一，负债占总资产比率的大小，即资产负债率的大小。负债比率的提高一方面对企业总资产报酬率和权益资本报酬率有明显的扩张作用；另一方面，负债比率又是负债经营风险速增函数，负债比率越大，风险越大，且风险增长速度远远大于权益资本报酬率的增长速度。

第二，负债利息率的高低。企业负债经营的先决条件是资产报酬率大于借款利息率。在正常情况下，负债利息率越高，企业实际报酬率越低。因此，过高的利息率，势必降低企业收益，影响企业偿债能力。

第三，资产报酬率的高低。企业总资产报酬率能综合反映其生产经营状况及经济效益的高低，它是企业负债经营决策评价标准之一，也是企业偿还债务的基础。只有当企业资产报酬率大于借入借款利息率时，负债经营才可能获得财务杠杆利益；否则，企业负债经营则会遭受财务杠杆损失，面临较大的财务风险。

（二）财务杠杆和财务杠杆系数

企业在经营过程中要对如何融资进行决策，即筹划资金来源，这里主要考虑股权融资与债权融资的比例问题。正如前面指出的那样，在负债利息率低于企业资产收益率时，债权融资可以提高股东的权益资本报酬率，但同时也会带来较大的风险。如果企业经营不好，会出现支付危机，严重时会导致企业破产。这两个问题都与企业财务杠杆效应有关，企业面临财务风险。[①]

财务风险是企业负债规模的变化带来经营收益变化的风险。当企业负债经营时，不论其利润为多少，债务利息作为一项固定费用，是长期存在的。因此，当利润增大或减少时，单位利润所负担的利息费用就会相对地减少或增加。由此，给公司收益带来更大幅度的提高或下降。财务风险的大小受企业负债规模的影响，因为，当负债比率较高时，公司将承担较大的债务利息，从而导致财务风险加大；相反，负债比率较低时，财务风险就较小。这种由于负债给公司收益带来的影响，称为财务杠杆效应。

财务杠杆效应的大小通常用财务杠杆系数（Degree of Financial Leverage，简称DFL）来衡量，该系数等于每股利润（EPS）变动百分比与息税前利润（EBIT）变动百分比之比，反映每股利润（EPS）随息税前利润（EBIT）变动而变动的幅度。

第一，资本结构不变，债务利息固定的前提下，每股收益将以息税前利润增长率的倍数（DFL）增长，即：

[①] 李艳华：《大数据信息时代企业财务风险管理与内部控制研究》，吉林人民出版社，2019。

$$每股收益增长率 = 息税前利润增长率 \times DFL$$

第二，在息税前利润不变，债务利率固定的前提下，负债结构对权益利润率会产生加速作用。公式表示如下：

$$税前权益利润率 = 总资产息税前利润率 + 负债 \times (总资产息税前利润率 - 负债利率) / 所有者权益$$

负债比率的提高对权益利润率的正负加速作用，取决于总资产息税前利润率与负债利率的比较。当前者大于后者时，则产生提高权益利润率的正向作用；反之，则有反向作用；若两者相等，则不产生任何作用。在资本总额、息税前利润相同的情况下，负债比率越高利息负担越大，则财务杠杆系数越大，财务杠杆效应越高，财务风险越大，但同时预期每股盈余也越大。

（三）从财务报表分析企业财务风险

财务风险是指企业实行负债经营而借入资金，给企业带来的丧失偿债能力的可能性和收益的不确定性。具体来说，财务风险来源于两个方面：一是偿债风险。由于借入资金严格规定了借款方式、还款期限和还款金额，因此若企业负债较多，而经营管理和现金管理不善，就可能导致企业不能按期还本付息，会产生偿债风险。偿债风险如不能通过财务重整等方式及时加以化解，则可能进一步导致破产清算的风险。二是收益变动风险。这种风险主要来源于资金使用效益的不确定性（即投资风险的存在），这种不确定性会通过负债的财务杠杆作用产生放大效应。在资本结构一定的条件下，企业从息税前利润中支付的债务利息是相对固定的，当息税前利润增多时，每一元息税前利润所负担的债务利息就会相应降低，从而给企业所有者带来额外的收益，即财务杠杆利益。相反，当税前利润下降时，会给所有者收益造成更大的损失。

三、企业财务风险成因分析

财务风险作为一种经济上的风险现象，是市场经济条件下的客观产物。财务风险是在企业内因和外因多种因素共同作用下形成的，其中内因是最主要的。笔者从企业组织内部、外部两个方面的风险因素分析企业财务风险的成因。

（一）企业组织内部的风险因素

企业内部的风险因素是指存在于企业组织中的各种弊端、偏差、缺陷、失衡和失误等现象的总称，具体表现如下。

1. 经营管理上的缺陷

经营管理是企业的命脉，经营管理的好坏直接决定企业的生死存亡。经营管理上的失误主要集中在以下几个方面。

（1）主营业务萎缩

一般来说，企业主营业务较其他业务稳定性更强，因而主营业务是企业生存和发展的关键。然而，我国部分企业在多元化经营过程中，存在只注重外延性扩张，没有突出主营业务、主导产品的问题，表面上是多元化经营，实际上是一盘散沙。投资分散不但不能形成资金的合力，反而因此丧失了企业的核心竞争力。在企业利润、市场份额、核心竞争力等要素中，核心竞争力是保持企业竞争优势的最主要因素，企业之间的竞争归根到底是核心竞争力的竞争。没有核心竞争力，就没有持久的竞争优势，企业也就只能昙花一现。

案例1：PT中浩在1992年发行A、B股及1993年配股后，快马加鞭地进入家具、化妆品、超纯水、房地产、通信等领域。尽管投资了众多企业，但它一直没有成为优势企业或龙头企业，到2000年连续四年亏损，资不抵债，于2001年4月23日宣布退市，成为中国证券市场上第一家退市公司。

案例2：雅戈尔于1998年上市，是国内一家典型的由实业进军投资领域的企业，其早年创业期以服装、纺织业类业务起家，后期则大肆扩张房地产业务和金融投资业务。2000年前后，在股市和房市双双走牛的背景下，雅戈尔的地产业务与金融投资业务都取得了很好的收益。而当前，地产业务陷入泥潭，金融业务被套牢，曾经为其发展做出辉煌贡献的投资和地产两大业务接连出现问题，无奈之下雅戈尔考虑回归服装主业，改变堪忧的现状。然而由于其早年重心过于偏重地产投资和股权投资，在一定程度上忽略了对主营业务的创新与发展，使得雅戈尔品牌消费群体过于单一，经营模式过于传统，品牌有些老化。一旦老化，想要重新树立品牌形象就会很难。品牌竞争愈加激烈，后起之秀西蒙、九牧王、金利来等品牌在市场综合占有率的显著提升，使得雅戈尔的回归之路更显艰难。

PT中浩退市的案例说明，企业盲目多元化经营的直接后果就是新项目挤占优势主业的资金，使企业原有的竞争优势逐步丧失。

（2）非理性投资

目前国内企业存在一种倾向，即企业越大越好，跨的行业、地区越多越好。为了做大做强，企业往往不计成本、不择手段融资，非理性地投资；过于重视经营规模扩大、资本扩张以及销售额（量）的增长。实质上，企业规模只有与企业所拥有的资源及运用资源的能力相适应，才能发挥规模效应。

一个公司的快速增长很容易超过其管理能力，规模过大、增长过快很有可能成为企业的一大弱点。过度扩张很容易使企业很快走向衰败。在20世纪90年代中期的经济增长时期，一大批企业走上了过度扩张和过度多元化的道路，但也正是由于规模扩张过度，使其走上了死亡的道路。其原因是，企业在扩张中，如果销售量和利润的增长不快，或者企业的现金流量不能跟上企业的增长时，接踵而来的债务就会很快将公司的现金耗尽。一旦销售达不到计划水平，就没有足够的现金来支付相关债务。另外，当企业的市场占有率过度扩张，而企业的生产能力跟不上时，也会给企业带来失败、破产的风险。

案例：以生命健康产业为主业、以医药业为中心、以中药现代化为重点的三九集团，曾是国务院国有资产监督管理委员会直接管理的国有大型中央企业。其早在20世纪90年代中期，便开始了多元化之旅。1994～1998年"三九"完成了以"低成本"为主题的第一轮扩张，从1995年到1997年年底，"三九"收购企业近50家，其中承债式收购几乎占了一半。1999年，依托有利政策，"三九"开始大规模的兼并收购活动。一般来说，企业的并购目标主要是与主业关联或互补的行业。然而，"三九"的多元化并购更多的是与医药业无关的产业。非医药行业项目的纷纷亏损，导致"三九"在非药业领域的扩张几乎无一成功。非医药行业的投入牵制了"三九"大量的人力、物力和财力。药厂只是众多子公司中的一个，有着90%的利润贡献却要支付其他子公司带来的债务和亏损成本。盲目无节制的大规模的兼并活动，使"三九"的负债率长期处于高位。在扩张之初，企业的负债率为19%；到了1998年，负债率高达80%；到2002年年底，更是创纪录地达到了92%，债务总额191亿元，资产回报率仅为0.1%。多元化消耗的资金给"三九"带来了越来越大的银行贷款缺口。从2002年开始，三九制药的母公司三九集团深陷债务泥潭。截至2003年年底，三九集团及其下属公司共欠银行98亿元，其中三九集团6.6亿元，三九药业34亿元，三九医药33亿元，另外两家三九集团旗下的上市公司——三九生化和三九发展为14亿多元。过度兼并和多元化经营使得三九集团规模急剧膨胀，并使之陷入困境，由于所欠银行贷款数额巨大，"三九"不得不在国资委的介入下寻求战略重组。

（3）经营杠杆的负效应

根据财务理论，企业在经营过程中存在经营杠杆和财务杠杆。所谓经营杠杆是指企业的营业利润对销售额变动的敏感程度。企业在经营决策的过程中，对经营成本中固定成本的作用可以为企业带来经营杠杆效应。具体地说，当销售收入或销售量不断增长时，企业中一定量的固定成本可以带来企业利润的大幅上升，即所谓的经营杠杆效应；而当销售收入或者销售量下降时，企业中一定量的固定成本又可以使企业利润迅速下降，即所谓的经营杠杆风险。经营杠杆是一把"双刃剑"，正确利用可以带来杠杆收益，反之则会带来杠杆风险。因此，企业在追求杠杆收益时，一定要关注杠杆风险。

企业因经营杠杆引起财务风险的案例很多。在企业无法保证销售量的前提下，巨额的固定成本会导致较高的经营杠杆风险，如广告费。广告是企业将产品推向市场的重要途径，广告宣传已成为市场竞争的常用手段。适度的广告费支出可以为企业带来经营杠杆正效应，但不计成本的广告宣传、巨额的广告费投入则会为企业带来经营杠杆风险。

案例：中央电视台广告标王秦池酒厂的失败就是典型案例。1995年，"秦池"以6666万元的价格第一次在泰斗级媒介——中央电视台夺取"标王"。广告的轰动效应使"秦池"一夜成名，并获取了产品的市场份额。"秦池"巧妙地获取和延续广告效果，并享受到了经营杠杆的积极作用。但当"秦池"以3.2亿元的天价再次成为1997年中央电视台的"标王"后，"秦池"为了在短时间内满足客户订单需求，收购散酒来勾兑并被新闻媒体披露，其产品质量、信用在全国遭遇普遍质疑。1997年"秦池"销售收入未达到预期的15亿元，仅为6.5亿元，3.2亿元的广告费使其陷入财务危机。经营杠杆的效应使曾经辉煌一时的秦池模式成为转瞬即逝的泡沫。

（4）财务杠杆的负效应

众所周知，企业在经营决策的过程中，适度举债可以为企业带来财务杠杆效应。因为企业的负债规模和利息水平一旦确定，与负债相关的支出也就相对固定。如果企业盈利水平提高，则每股收益就会增加；反之，如果企业盈利水平下降，而债权人收益不变，则每股收益就会减少。也就是说，由于投资风险的存在，举债过多既可能使企业股东获得更高的每股收益，也可能使企业股东权益减少，甚至会导致企业破产。

案例：韩国大宇集团的解散就是财务杠杆负面效应的结果。大宇集团在政府政策和银行信贷的支持下，走的是典型的负债经营之路。大宇集团试图通过大规模举债达到扩张的目的，最后实现"市场占有率至上"的目标。当1997年亚洲金融危机爆发后，大宇集团的危机就已经显现出来，但大宇集团为了增加销售额和出口，继续推行高负债的策略。最终由于其经营管理不善和资金周转困难，被韩国政府责令债券银行接管，大宇集团解散。

（5）企业内部控制失灵

企业内部控制制度不完善，或者有内部控制制度但在实际业务活动中没有得到应有的执行，容易造成非程序化决策、权责不清、财务控制与监督弱化等。企业内部控制失灵，也会引发财务风险甚至导致财务危机。近几年来资本市场发生的很多重大违规事件，都与企业内部控制有关。

案例1：2004年11月30日，创维数码董事局主席黄宏生，无视公司外部股东利益，绕开现有的董事会，私自将上市公司款项打入自己创办的企业，因涉嫌盗取公司资金4800多万元被香港廉政公署拘捕。

案例2：老牌上市公司四川长虹则折戟国际市场——因其合作伙伴美国APEX家电进口公司拖欠4.6亿美元的巨款而遭受巨大的坏账损失。虽然APEX公司是长虹在美国最大的合作伙伴，但是在确定信用政策时，长虹考虑坏账风险的策略是令人费解的。因为，长虹是在APEX公司拖欠国内多家公司巨款的情况下，还与其签订了巨额赊销合同，如果长虹具备有效的内部控制制度，这种情况或许不会发生。

案例3：英国巴林银行的破产倒闭。1995年7月18日，英国银行监督理事会经过5个月的调查得出结论：巴林银行问题的主要原因是"……最基本的内部控制机制的失灵"。

2.企业制度上的缺陷

委托—代理制度下的信息不对称问题。委托—代理是一种企业制度，这种制度是伴随社会生产力的发展、企业的产生而产生，随着企业的发展而发展的。从资本主义的产生到现在，企业的发展经历了三个阶段。

第一阶段是业主制企业阶段。这个阶段企业的重要特点之一是企业仅有一个业主，企业的全部资产也就是业主的个人财产。企业由业主直接经营，企业内部没有形成现代的管理制度。因为在业主制企业阶段，企业实行所有权控制，基本不存在委托—代理问题。

第二阶段是合伙制企业阶段。这个阶段的主要特点是企业由少数几个人合伙建立，合伙人共同出资、共同经营、共享收益、共担风险，这个阶段出现了一定程度的委托—代理问题。在这个阶段，企业的主要经营者既是企业资产的所有者，也对其他出资人的资产进行代理，其他的出资人也参与企业的经营活动，但参与程度受到他在企业中所担任职务的限制。这时，对企业的控制就属于局部代理人控制。第三阶段是公司制企业阶段。随着社会化大生产的发展，特别是机器工业的诞生，对企业规模提出了全新的要求，由此而产生了代表现代企业基本形式的公司制。公司制企业实行的是完全代理人控制，这里又分为两种情况：一种是有限责任公司的代理人控制；另一种是股份有限公司的代理人控制。有限责任公司由多个出资人出资组成公司，而将公司委托给某一出资人或非出资人进行管理。其他出资人或在公司中担任一定职务或根本不担任任何职务，只是保留资产的剩余索取权。股份有限公司则是典型的完全代理人控制，众多股东出资组成企业，股东代表大会选举产生董事会，董事会聘任企业的总经理来管理企业，由总经理全权负责对企业资产进行经营和管理。

企业的委托—代理关系，不论是外部的，还是内部的，都存在信息不对称问题。比较委托人与代理人信息的拥有量，一般说来，代理人拥有更多的信息量。在企业的委托—代理关系中，代理人甚至还扮演着信息制作者和供应者的角色，从而使代理人成为信息供应者，而委托人则成为信息需求者。即使事先在委托人与代理人之间建立一种合同关系或协议关系，但由于委托人与代理人所追求目标的不一致性，委托人所追求的目标是企业价值最大化；代理人所追求的目标可能是更高的货币收益（如更高的薪金、奖金和津贴等），也可能是力图获得更多的非货币收益（如高职务消费等）。由此，委托人与代理人之间的利益冲突是不可避免的。在这种情况下，委托人希望获得真实、完整的信息，而代理人则尽可能不让委托人注意到那些有可能给自己带来不利后果的信息。

代理人很可能会有意识地选择有利于自己的信息来提供给委托人,而忽略甚至隐瞒一些对自己不利的,但对于委托人却是极其重要的信息。这是造成委托人与代理人之间信息不对称的主观原因。除了主观原因外,现实中还有许多客观因素也使得委托人的信息需求不能得到最大的满足,因此,委托人与代理人之间存在着严重的信息不对称。

由于信息不对称问题的存在,代理人在签订合同时做出"逆向选择"或在履行契约时采取机会主义的"道德风险"行为。代理人利用信息优势以牺牲委托人的利益为代价为自己牟利的行为可能存在,这就是委托—代理关系中的道德风险问题。在企业决策过程中,代理人可以比较容易地利用自己的"职务之便",采取一些机会主义行为,为自己谋取经济利益。从诸如产品定价、选择供应商、广告代理、销售渠道、投资和融资中牟取个人利益。在财务方面主要表现为:利用发布虚假财务信息,误导投资者和债权人财务决策,加大股东的投资风险;运用股东对经理人员日常财务经营决策不得干涉的要求,经理通过增加其在职消费或与其他人进行合谋以谋取自身利益而损害股东利益;或者因玩忽职守做出错误的财务决策,以损害公司的利益。委托—代理关系问题由此产生。

3. 企业治理上的缺陷

两权分离情况下的公司治理弱化。现代企业在两权分离的情况下,如何保持运营的高效率,如何处理股东与经理之间的利益分配关系,成为最为关键的问题,问题的核心是如何对公司的经理阶层进行有效的监督和控制,以便使经理人员朝着实现企业价值最大化这一目标开展经营活动。关于公司治理的讨论就是围绕上述问题展开的。公司治理一直是全球性的论题,全球不同国家的企业都在不同程度上存在着公司治理弱化问题,由于公司治理弱化,企业财务风险形成则变得不可避免。公司治理结构的优劣与效率高低已经成为公司竞争力的直接决定因素之一,良好的公司治理结构在财务上的表现很大程度上是健康的;而弱化的治理结构其财务表现是趋于恶化的,治理弱化是导致财务风险形成的重要因素之一。公司治理弱化具体表现如下。

(1) 股东大会形式化

股东大会是股东主权的象征,是股东对公司进行控制的法定机构。实践中,股东大会存在被经营者架空或者被大股东把持的可能性,致使股东大会成为"走形式"。目前，尽管各国都从法律上维持了股东大会制度，然而无论是股权分散的英美国家，还是股权集中的欧洲大陆和亚洲国家，这种象征意义上的股东大会被进一步架空。

在美国，根据联邦交易委员会股东大会出席情况的调查表明，股权分散的公司，股东大会完全流于形式，实际上公司被经营者操纵。在德国，由于所有权集中度非常高，小股东出席股东大会的比率很低，股东大会基本由大股东控制。在日本，根据有关专家对出席股东大会人数、出席形式和股东大会开会持续时间及提问人数的调查，发现股东大会存在形式化的问题。

在中国，以国有上市公司为例，中国国有上市公司仍然具有国企的典型特色。而且股东被分为国有股股东、法人股股东和社会公众股股东。股权结构不合理，且存在以下问题：大股东仍然是国有企业原来的上级主管部门或企业，对大股东负责实际上是对国有企业原来的上级行政主管部门或企业负责；持股主体是一种虚拟主体，对上市公司经营者的监督和约束缺乏内在动力，因此，中国国有上市公司股东大会既存在股东控制权弱化的问题，又存在行政干预过度的问题，即"一股独大"，由于第一大股东拥有绝对控制权，股东大会成为实质上的"大股东会"，企业的经营决策完全由大股东控制。由此产生了很多如大股东掏空上市公司的现象。

案例1：在明星电力案中，原深圳明伦集团董事长周益明借虚增母公司及7个子公司的注册资本3亿元，完成空手套白狼的资本运作。在不到4个月的时间，通过庞大的交易资金流出，几乎顺利掏空上市公司。周益明在获取对上市公司绝对控制权的同时，将上市公司利益转移到大股东能控制的其他企业，以关联交易方式造成其他股东巨额损失。其因恶意对外投资、违规担保、虚假贸易以及违规拆借资金等，造成了上市公司资金损失4.76亿元。周益明成为中国资本市场上第一个因合同诈骗罪被判处无期徒刑的上市公司董事长兼大股东。

案例2：三九医药于2000年3月上市，实际募集资金16.7亿元。但截至2001年5月31日，三九医药大股东及关联方占用上市公司资金超过25亿元，占公司净资产的96%。此外，公司还将一笔11.4亿元的定期存款存在关联单位深圳金融租赁有限公司，供三九集团使用。这些行为严重侵占了广大中小投资者的利益，直接威胁到上市公司的资产安全。

中国上市公司中还有部分公司受到大股东巨额欠款的拖累。猴王股份有限公司、湘火炬、新疆屯河、合金投资等上市公司失败的案例表明，由于大股东控制企业的经营决策，在资金运营层面存在着较强的资金违规占用、违规担保等倾向，信息披露不真实、不及时、不完整，而且操作手段越来越隐蔽。由于在中国上市公司中还没有形成对控股股东有效的约束机制，保护中小股东权益的制度还没有完全建立，已有的制度得不到很好的实施等，给控制性大股东侵蚀财富提供了可乘之机。大股东不是努力搞好上市公司的生产经营以提高业绩，而是把上市公司当成"提款机"，想方设法掏空上市公司的资产，损害了公司价值。

（2）董事会空壳化与内部人控制问题比较突出

董事会居于公司治理的核心地位，人们对董事会控制权寄予莫大希望。然而实践中，有时董事会徒有虚名，甚至纯粹是走走过场，不能对公司经营者进行有效的控制和监督，甚至是对经营者感恩戴德、毕恭毕敬。董事会控制的空壳化是导致许多公司很快夭折的主要原因之一。

案例：美国安然公司管理人员蓄意欺诈，而公司董事会并未起到应有的监督作用。而近乎有全球发展趋势的独立董事制度，在安然事件中也扮演了极为尴尬的角色。安然公司的17名董事会成员中，除了董事会主席和首席执行官外，其余15名董事均为独立董事，其中审计委员会的7名委员全部由独立董事组成。即使如此，董事会也未能起到维护股东利益、监督经理层的作用。可见独立董事制度也面临着挑战。

在中国，多数上市公司是由原国有企业进行股份制改造而来的，这一特殊背景使上市公司存在大量不流通的国有股和法人股，导致中国现行公司治理主要表现为内部人控制模式。在这种模式下，大股东和国有股东的代表基本控制了公司董事会，流通股股东在董事会的代表性不足，由大股东提名和实际控制的董事在董事会占据绝大多数，从而使得公司的经营决策权集中于少数关键人手中，董事会空壳化。当然，企业法人制度赋予了作为法定代表人的董事长与其他董事不同的法律地位，无疑也助长了这一趋势。通过专业调查结果显示，流通股股东在董事会中的代表性普遍不足。部分董事仍然将自己定位于政府官员，认为自己的首要目标是使政府或某些有任免权的官员满意，而不是代表所有者的利益；不少董事还存在知识和能力方面的缺陷，导致不能很好行使职权；

董事会与管理层成员重合，经营管理层占据董事会的大多数席位，形成内部董事占优势的格局，管理层可以对自我表现进行评价，没有形成健全的、独立的董事会来保证公司的规范运作，自然不能形成董事会和经理层的制衡机制；监事会不仅机构设置不健全、不规范，而且由董事会控制，缺乏行使职权的独立性和权威性。其本身的监督职权有限，权力界定不充分，更不足以对董事会和经理层形成有效的监督。

内部人控制是现代公司制企业中普遍存在的现象，对处于经济转轨期间的中国，内部人控制问题尤其突出，企业的内部控制者拥有了无所不能的控制权。其主要原因如下。

第一，控制主体缺位。从理论上说，占支配地位的大股东拥有对公司的控制权，会比其他股东更有动力去监督和激励经营者，使得经营者的行为符合股东财富最大化的目标要求。然而，由于国有资本投资主体的不确定性，所有者权力往往被分散到各个不同的行政部门，而政府的目标常常并不与资产所有者的目标一致。不同的政府行政部之间的目标也存在冲突，加上政府的特殊身份，使得政府对企业的控制表现为行政上的"超强控制"和产权上的"超弱控制"。经营者与政府博弈的结果是经营者利用政府产权上的"超弱控制"，形成事实上的内部人控制状况；同时又利用政府行政上的"超强控制"推脱责任，转嫁自己的风险。

第二，国有资产的剩余控制权和剩余索取权不统一。在事实上的内部人控制状况下，由于缺乏剩余索取的刺激，内部人的工作努力程度大打折扣，资本投资的效率比较低；同时，内部人利用事实上的控制权谋取自身利益，损害所有者、公司和相关者的利益。

第三，资本市场不健全，无法对经营者形成有效约束。目前，中国的资本市场主要功能是融资，还不是完全的产权市场。上市公司流通股在总股本中所占比例较小的情况下，公司代理权的竞争和敌意收购，无法对经理进行有效约束。

（3）信息不对称加大了逆向选择和道德风险

由于现代企业普遍存在的所有权与经营权的分离，使得企业内部出现了委托代理链条，由于委托者和代理人之间信息不对称，因此，存在着逆向选择和道德风险问题。为了减少管理层的道德风险，股东或董事会采取了各种监督和激励机制。其中，监督主要是各种制衡机制，激励则主要是各种薪酬制度。但管理层并没有像股东预期的那样兼顾股东和他们自己的利益，而是更多地选择使其自身效用最大化的行为举措。简言之，管理层的价值取向可能是自身利益最大化，并随着一些公司的管理层违规腐败事件的曝光，公众对公司管理人员的信任越来越低。

以大家公认拥有非常完善的公司治理机制的美国为例，20世纪80年代中后期，巨额的联邦财政赤字和贸易赤字、低下的投资率和劳动生产率，以及与日本、德国日益加剧的贸易摩擦等，严重困扰着美国经济，美国经济在世界经济中的相对地位下降。而与美国经济不景气、大量公司亏损甚至倒闭形成鲜明对比的是，美国大公司经理阶层的收入不断攀升、日益膨胀，并没有因经济增长乏力而有所下降。据统计，美国大公司经理阶层收入的增加与公司绩效之间缺乏正相关性。

在美国，为了协调所有者和经理层之间的利益差异，较为普遍地实施了各种形式的股票期权制度。但具有讽刺意味的是，为解决利益差异问题而大量发放股票期权后，这种差异却变得比以往更加突出了。如今，上市公司的高级管理人员往往是公司中最大的个人持股者，董事会成员也可能拥有相同的股份。从理论上讲，这种所有权状况应该使管理人员、董事会成员和股东利益一致起来，但事与愿违，不管是实际持有股票还是拥有股票期权，许多管理者和董事会成员都认识到，他们的个人财富与公司的股票价格息息相关，因此维持股票价格便成为公司的价值取向。投资者和管理者一起陷入了狂热，从而导致了20世纪90年代后期出现了"非理性的繁荣"，首席执行官滥用本来并不起眼的股票期权掌握了巨大的财富。经理层为了维持与公司实际经营状况相脱离的高收入，不惜通过做假账来粉饰公司业绩，实现预定的薪酬奖励计划。

在中国，公司治理中同样存在管理层的道德风险问题。同时，由于市场经济发展不成熟、法律法规不健全，外部治理也未发挥应有的作用。具体表现如下。

第一，市场监控方面，股票市场尤其是公司控制权市场还很不规范。股票市场人为分割，并且具有典型的"政策市"特征，股价运行严重脱离上市公司基本面，不能发挥评价和约束经营者的作用。控制权市场由于国有股和法人股的存在，市场化的控制权转移很难发生，进一步丧失了股票市场的治理功能。

经理市场基本没有形成，国有上市公司的经营者主要是行政任命，董事会任命只是形式上的。经营者的非市场选择一方面导致经营者素质偏低、专业结构不合理；另一方面难以形成有效的激励和约束机制。

第二，由于上市公司的很大一部分是国有资产，上市公司亏损是国有资产流失，上市公司破产是国有资产严重流失，退市机制也难以顺利推行。

第三，利益相关者监控方面，目前，银行等相关利益监督者对上市公司的监控比较软弱。

第四，法律法规监控方面缺乏力度，突出表现之一就是信息披露不规范、证券市场上的虚假报表事件层出不穷。公司内部治理的弱化，加上外部治理不得力，是财务风险形成的主要原因。从琼民源、银广夏、蓝田股份、世纪星源、麦科特的造假案件可以看出，虽然多数案件中的造假手段比较拙劣，但能够发生的关键原因就在于中介机构没有充分发挥其应有的监督作用。

（二）财务管理本身的缺陷

财务管理作为一门管理学科，其本身具有很大的局限性，表现如下。

1. 财务理论、方法建立在假设基础上

一些重要的财务理论、方法都是建立在一些假设基础之上的，这些假设与现实存在一定的差距，是对不确定的客观经济环境所做的一种估计，可以说采用这些理论、方法本身都面临着一定的风险。随着社会经济日趋复杂，财务管理的对象不断扩展，财务理论对一些经济现象规律的把握还存在局限。同时，会计信息作为财务管理依据的主要信息来源也不是完美无缺的，其依据的一些假设有时是不成立的。

2. 财务主体的局限性，导致决策风险

作为从事财务管理工作的财务主体的局限性，主要表现在主观认识的局限性上，并由此导致各项决策风险。西蒙认为：企业的一切管理工作都是决策。而决策和风险是联系在一起的，只要某项活动的未来结果有两种或两种以上，就存在风险。决策恰恰是对若干个方案进行评价并做出最优选择的行为。企业在进行财务决策时，面对自然和经济运动规律的不规则性、财务活动的复杂性，财务人员由于受到自身经验和能力的局限，不可能完全准确地预见客观经济活动的变化，因而做到完全正确的决策是十分困难的，决策略有偏差，就有可能招致风险。

3. 企业内部财务关系混乱

企业内部财务关系混乱是企业产生财务风险的又一重要原因，企业与其内部各部门之间及企业与上级企业之间，在资金管理及使用、利益分配等方面若存在权责不明、管理混乱的现象，必然造成资金使用效率低下或资金流失，资金的安全性、完整性无法得到保证，最终不可避免地出现财务危机。

（三）企业组织外部的风险因素

企业组织外部的风险因素主要是指企业组织所处环境的不确定性因素。主要包括自然环境、政治环境、经济环境等，各种环境的变化对企业来说具有不确定性，可能会给企业带来财务风险。

1. 自然环境的不确定性

自然界的运动发展过程所呈现出的不规则变化趋势，是人们无法预知和控制的。自然灾害等不可抗力事件的发生会给企业的流动资产、固定资产带来损耗或毁损的风险。

2. 政治环境的不确定性

政治因素的变化，各种政治力量、政治观点的对抗以及地区和民族冲突都可能引起政府更迭、动乱、战争、罢工等，其后果可能给企业带来财务风险。例如，战争原因引起世界原油价格上涨，进而导致成品油价格上涨，由此运输企业必然增加营运成本，减少利润，以至于无法实现预期的财务收益。

3. 经济环境的不确定性

国家经济环境的变化主要包括产业结构、国民生产总值增长状况、经济周期的波动、国际收支与汇率、利率、通货膨胀与就业、工资水平等诸多方面。以通货膨胀为例，通货膨胀最直接的表现形式就是物价上涨，而物价上涨又直接影响着企业财务活动的各个环节。物价上涨时，企业在资本市场、金融市场上的融资成本就会上升，其融资难度也会加大，由此带来融资风险；同时也会由于原材料价格、工资水平提高而引起企业经营成本上升，经营绩效下降，财务状况恶化。此外，当国家出现严重通货膨胀时，政府往往采取紧缩银根、减少货币投放、提高利率或中央银行再贴现利率及法定存款准备金率等货币政策来抑制通货膨胀。在紧缩的货币政策成功降低通货膨胀的同时，也会引起经济衰退，进而会对企业财务状况产生较大影响，为企业带来财务风险。

第三节　企业财务风险的处理

一、分散策略

即通过企业之间联营、多种经营及对外投资多元化等方式分散财务风险。对于风险较大的投资项目，企业可以与其他企业共同投资，以实现收益共享，风险共担，从而分散投资风险，避免因企业独家承担投资风险而产生财务风险。由于市场需求具有不确定性和易变性，企业为分散风险应采用多种经营方式，即同时经营多种产品。在多种经营方式下，某些产品因滞销而产生的损失，可能会被其他产品带来的收益所抵消，从而避免经营单一产生的无法实现预期收益的风险。对外投资多元化是指企业对外投资时，将资金投资于不同的投资品种，以达到分散投资风险的目的。一般来说，长期投资的风险大于短期投资的风险，股权投资的风险大于债权投资的风险，证券组合投资可以分散有价证券投资的非系统性风险，其投资风险低于单项证券投资的风险。当然，风险越大，可能产生的收益也就越大。对外投资多元化可以在分散投资风险的情况下，实现预期的投资收益。

二、转移策略

即通过某种手段将部分或全部财务风险转移给他人承担的方法。财务风险转移，是针对企业在生产经营中无法回避或难以回避的风险（如产品销售市场风险、运输风险、财产火灾等不可预见损失风险等），对此类财务风险，企业从根本上难以回避且自身管理这类风险的能力有限，或即使可以管理此类风险，但管理此类风险的成本和代价太大。因此，处理此类风险的方式是将其进行适当的转移。转移风险的方式很多，企业应根据不同的风险采用不同的风险转移方式。[①]

（一）风险财产转移

风险财产转移是指将担有风险的财产或生产经营活动转移给他人。

（二）风险财务转移

风险财务转移主要是通过签订合同和提供保证书来实现的。值得注意的是，尽管风险财务转移得到了广泛的应用，但仍存在局限，因为对合同条款的执行和法院的裁决常会出乎企业预料之外，造成极大的被动。因此，合同条款的法律解释应引起高度重视，以免发生意想不到的损失。

（三）保险转移

保险是由保险公司对企业经济损失提供的赔偿。对企业而言，保险是一种极其重要的风险转移机制和方法。通过参加保险，实现完全风险的转移。

三、回避策略

风险回避是指当考虑到风险事故存在和发生的可能性较大时，主动放弃或改变某项可能引起风险损失的活动，以避免可能产生风险损失的一种控制风险的方法。通过回避风险，可以在风险事故发生之前，完全彻底地消除某种风险可能造成的损失，而不仅仅是减少损失的影响程度。风险回避是一种彻底的风险控制技术，而其他控制技术只能减少损失发生的概率和损失的严重程度。

[①] 崔肖、李晶：《企业财务风险防范实操》，中国铁道出版社，2023。

四、减弱策略

通过减少财务风险发生的机会或削弱损失的严重性,以控制财务风险的损失。回避的作用总是有限的和相对的,因为任何经营活动都不可避免地伴有程度不同的财务风险。因此,企业总是在追求预期利益的同时,尽量将损失减至最低程度。实施减弱策略,不仅要有技术力量、人员和法律方面的保障,还要在经济上是可行的,即预期收益大于或等于预期成本,否则,就不宜采用此策略。减弱策略的运用可以扩大到企业的各个财务风险领域。

五、降低策略

即企业面对客观存在的财务风险,努力采取措施降低财务风险的策略。例如,企业可以在保证资金需要的前提下,适当降低负债资金占全部资金的比重,以达到降低债务风险的目的。当某个市场不景气时,企业应降低其在全部对外投资中所占的比重,从而降低投资风险。在生产经营活动中,企业可以通过提高产品质量、改进产品设计、努力开发新产品及开拓新市场等手段,提高产品的竞争力,降低因产品滞销、市场占有率下降而产生的不能实现预期收益的财务风险。另外,企业也可以通过付出一定代价的方式来降低产生风险损失的可能性。例如建立风险控制系统,配备专门人员对财务风险进行预测、分析、监控,以便及时发现、及时化解风险。企业也可建立风险基金,如对长期负债建立专项偿债基金,以此降低风险损失对企业正常生产经营活动的影响。

六、自留策略

企业财务风险自留是指对于那些无法规避又不能转移的财务风险,或者由于自身生产经营活动的需要而必须承担的风险,企业采取保留此种风险的方式。如果风险发生,产生的风险损失由企业自行消化补偿。

企业采用财务风险自留方式,一般适用如下情况:①由企业自身业务特点决定,为了获得某种风险收益,必须承担此种风险。即虽然某项经营业务有风险，但是对企业整体生产经营活动至关重要，不承担此种风险，将影响其整体业务和发展。如企业不会因存在技术创新风险而停止技术开发和新产品开发，银行不会因贷款风险而放弃贷款业务等；②企业财务风险保留的费用低于其风险控制的成本；③企业面临较好的投资机会，而投资风险相对较小；④企业所面对的某种风险，风险损失预期较小；⑤企业对某种财务风险具有充分的风险控制能力和风险管理手段。

七、财务共享模式下的财务风险管理策略及优化措施

（一）企业的财务风险管理策略及优化措施

1. 加强财务管理信息系统建设

财务管理转型过程中，企业面临的问题层出不穷，应当针对问题不断改进财务信息管理系统的功能，进一步加强财务管理系统的建设。企业可以以"互联网+"理念为基础，利用标准化信息技术模块，有效整合内部资源，构建财务共享信息平台，确保内部信息及时传递。通过财务共享信息平台，可以消除内部信息孤岛现象，实现财务系统与业务系统的数据整合以及共享，加强内部沟通，减少因信息沟通不畅而产生的额外沟通成本。

企业财务共享中心的信息化平台可以以数据库为基础，平台功能模块包括业务项目、会计核算、资金监控、财务管理等。此外，企业还需要依据内部控制重要点开展系统建设，如专门就资金支付的安全性，能够与银行一同进行收支系统开发，让业务系统和银行网络端口实现有效连接，保障支付安全与有效；专门就票据管理量较大的问题，该企业能够利用管理系统对票据开展追踪，依据单据条码对虚拟票据给予分类管理，报账单与文档等给予互相匹配后进行储存等。

2. 加强财务人员转型

由于财务共享中心人员有明确的岗位和分工，当人员工作效率获得提升时，对人员综合水平要求有所降低，长时间下去，人员能力无法获得及时提高，会出现懈怠心理，从而影响共享中心的运作效率，并且会造成共享中心人

员离职率的增长。针对此现象，企业应当从员工培养和考核激励机制两方面进行改进。

第一，企业要加强对人员综合水平的培养。人员理论培训不能只是限制在岗位所需的知识中，还应进行系统性、综合性的知识培训；对财务人员进行专业知识培训时，对其适当地提供企业的关怀，从而增强员工的归属感；采用定期轮岗制，使财务人员有机会将理论知识应用于财务实践，又可以避免因长期从事相同的工作而感到厌倦。

第二，企业应创建适宜的绩效考核与激励制度。财务共享中心的绩效考核周期不能太长，考核标准要同时顾及业务处理总量与质量，且考核效率要高，在最短的时间内向员工反馈最客观明确的考核结果。集团可以通过绩效看板演示考核结果，利用实际数字、图片表格等，对人员以及小组给予综合评估，展现工作效率与质量的变化情况，并设定对应的奖惩体制。

3. 科学设置业务流程

财务共享主要是将流程再造当作主要理论依据，对业务处理程序给予全面设定，让财务信息可以遵守有效的制度实现各个岗位的有效传递，有助于业务效率的提升、改善内部控制、预防财务风险。但是正规化流程也会出现审核通过的单据无法进入到后续环节的情况，严重影响共享中心服务的效率。专门就业务流程的审核情况，为了保障信息真实有效，企业需要对原始单据与后续生成的单据给予审核。

企业应当为审核岗位配置多名财务人员。原始单据的传递要设定有效的规则，如每日传递总数与时间、发生突发事件的情况，并及时告知有关人员等。在建设财务共享中心时，以制定的标准为基础，为审核岗位配置多名财务人员可以提高业务处理的速度和效率。

企业在设置业务流程时，应当考虑到客户的特殊需求。对于有特定旅游需求的客户，业务人员可以在不违反企业规范的基础上，向共享中心提出申请，此时，财务共享服务中心应当设定优先级通道，申请以后，共享中心的流程会优先进行该项业务的处理。这样不仅提高了客户满意度，而且有助于树立企业的良好形象，无形中提高企业竞争力，利于企业长足发展。

4. 加快企业财务融合

财务管理转型的方式是企业改善生存现状的必然选择，而财务共享模式是企业实现财务管理转型的重要举措之一。为了加快建立财务共享模式，企业应当提升财务部门与业务部门之间的沟通交流。财务与业务之间的共享能够减少因为人为失误而造成的数据错误问题，有效提升信息精确度。企业通过财务信息开展分析决策，实现企业财务管理工作效率的增长，管理层也能及时明确企业的财务现状以及经营状况。下面从转变意识、制定措施、结合实际三方面，提出企业加快业务和财务融合的优化方案。

从转变意识的角度来说，企业的财务部门人员要多从业务部门人员的角度思考问题，指导业务部门学习必要的财务知识，通过沟通交流确保预算编制内容的有效性。从制定措施的角度看，企业需要制定相关的措施改进业务部门与财务部门之间相互独立的关系，加快业务财务融合，财务业务一体化，有利于收集财务数据。从结合实际的角度看，企业应当让财务共享中心积极参与到企业生产经营的各个环节，为企业管理者提供准确有效的决策参考信息，通过对企业的基础财务核算，有效监控管理企业内部各部门的经营活动，及时发现经营过程中的违规行为，加快经营管理标准化，切实发挥财务共享的基础职能。

5. 完善风险管理机制

企业活动是综合性社会活动，具有诸多不定性因素。例如，一项新业务的开启，必然会带来诸多不确定因素，若没有完善的风险预警系统，新业务的发展很可能受阻。所以，为了快速化解风险、降低风险损失，企业应当建立完善的风险预警系统。这不但可以促使企业短期实现目标，还能够给企业新业务发展带来重要依据。

风险预警模型的本质就是依据企业财务指标，利用长期指标对其财务风险给予评价，从而反映企业多元化发展的真实情况。财务风险控制的主要环节就是构建一个与企业自身实际相符的控制系统。企业应当评估企业当前时期财务情况，依据评估结果获得最为有效的资金筹集方式，并且，利用减少企业资产负债率、保障企业具有足够现金流量等形式对财务风险进行有效控制，不断削减企业财务风险。

（二）企业财务共享中心风险管理解决对策

1. 应收业务风险解决对策

（1）建立内部监督机构，加强内部控制

设置专门的内部监督机构，针对财务共享中心应收业务部的工作进度进行严格监督，及时发现企业应收业务方面存在的问题，对应收账款账务进行审计，通过二次对账确保企业资金安全。各部门之间进行相互检查监督，一旦发现问题及时查阅原始资料并与该部门沟通，确保应收业务部管理效果达到最佳状态。针对企业的各类合同，企业要安排专人予以负责，对合同的信息做详细的记录，通过制作合同账本增强对合同的管理，与客户签订的合同，其条款应该由企业专门部门负责，以避免销售人员私自与客户签订对企业不利的条款，销售人员仅需将制作好的合同交由客户签订即可。

此外，如果销售合同牵扯到信用销售问题，那么必须交由公司的应收业务部门对其资质进行严格审核。只有通过审核的客户方能与其签订销售合同，仓管部门要严格按照审批过后的合同条款发货。合同应该明确信用期、折扣比例、延期付款产生的违约金额度等内容，在签订合同后要将文件传真到内部监督部门和应收业务部，便于后期对该合同款项进行跟踪。

最后，企业的高管层必须加强对内部运营的监管。高层领导的重视程度直接关系着企业的资金运作，内部监督有了高层的关注，方能形成更完善的内部控制机制，有效地防范和管控风险。管理层可以使用内部监督来优化组织活动和进行人事管理，当内部监督部门与其他部门发生矛盾时，管理层必须积极发挥自身的作用处理好各种内部矛盾，在此过程中要注意对内部监督部门的成绩予以充分的肯定，提高内部监督部门在企业管理中的威信。通过提高监督部门的地位，使其监督作用得到有效发挥。如果内部监督机构地位受到威胁，其监督作用必然大打折扣。

（2）分权与统一相结合

对于财务管理方面的权力，企业可以适当进行集中与分散处理，如针对小额应收账款，分公司只需要将信息通过系统提交给财务共享中心，其管理权交由分公司自行负责，避免由于账款出现紧急坏账而造成损失。

企业也可以适当下放权让分公司能够及时对坏账进行处理，同时根据实际情况调整解决策略，让分公司遭遇的紧急坏账能够在第一时间上报总部的财务共享中心，交由总部商议后提出解决方案。随后，把其中一部分权力下放给分公司，提高其解决该类问题的能力。

（3）完善信用体系

有些企业制定的信用制度对客户按照信用进行了分级，并让其享受相应的赊销权利，不过该制度还需进一步完善以适应宏观环境的变化与市场的发展。针对已有的客户资料，企业要及时上传其最新的资料到财务共享中心，如客户的各种基本信息，同时及时收集客户近年来的各种财务报表、信用分析报告、与其他厂商的交易情况等，以准确定位客户授信额度，该额度并非永久不变的，它要按照市场情况、客户信用等级及时调整，同时还要按照客户所属类型和产品生命周期特征制定客户的授信额度。

可以按照自身的经济实力以及行业一般的授信额度，结合上年企业的年销售量或月销售量，制定适用于所有客户的授信额度。财务共享中心在结合各区域的具体情况，对一级、二级、三级区域的客户制定授信额度，针对市场占有情况好、回款能力也比较高的客户，其授信额度可以在通用额度上有所上浮，通过与客户就销售量确定的增幅范围制定授信额度区间设置授信比率，即当销售量在某时间范围内达到规定比率时，授信额度为原定标准与销售量相加后再与比率相乘后所得额度。即便属于同一地区，新老客户的授信额度也应该有所差异，针对合作时间长、付款稳定的老客户，其授信额度显然应该更高，付款稳定性差的老客户，其授信额度次之，新客户不予以设定授信额度。

针对长期拖延付款的客户，应收业务部门应该决定是否暂停对其进行销售，并将其授信额度降为零。如果该类客户需要提货，交由应收业务部进行特别审批方可提货，其他任何部门不能决定提货；针对客户故意拖欠账款的行为，其次数达到规定限度可以降低客户评级、减少其信用期以及授信额度。

2.应付业务风险解决对策

（1）建立健全应付账款风险评估机制

当前，部分企业通过自建的财务共享中心处理各种业务，这有利于进一步规范业务操作流程，提高业务推进效率，增强各部门围绕业务形成的紧密联系，不过这也需要企业的风险控制承受更大的压力。如果企业形成了健全的风险评估体系，除了能够增强企业的内部控制外，还能大大减少企业的管理成本。企业可以从实际出发，结合付款业务类型及其特征采用定量与定性法明确企业可能遭遇的风险类型。风险度量标准指的是企业对风险的容忍程度，一般采用风险矩阵反映，风险矩阵通常由四个指标组成：责任单位、控制目标、控制措施、风险描述。

企业对应付账款的风险管控可以从如下方面着手。

完善付款审核。采购人员要对采购流程的有关凭证，如收货单、采购单、发票等进行整理，在仔细审核并确认无误后将其完整地、准确地录入财务系统。当发现信息失真或者不完整时，财务共享中心必须将其退还采购部门，并通过邮件的方式通知其负责人。如果在审核过程中发现付款申请存在失误或失真并造成了款项支付不准确的问题，应付账会计则必须对此负完全责任，由此确保财务支付的所有环节符合企业要求。

健全款项支付风险评估。每月15日，应付账款组要在系统中进行付款操作，在付款项通过审批后将其交给资金组进行付款处理。资金组在收到付款申请后，对该笔款项的审批流程进行审核，确认无误后对银行信息进行编辑，并于下周完成付款处理。如果采用现金完成支付，收款人则需要亲自签署收款单据。如果使用网络支付，付款人员必须在已完成支付的清单上签字盖章。如果支付清单或者单据等未经过严格审查造成款项支付失误，应付账款会计需对此负相应的责任，应付账款会计工作者必须确保付款清单、单据等的审批流程与企业要求保持一致，为付款信息的真实可靠性提供保障。如果付款清单的金额与实际支付金额存在偏差并为企业资金安全带来风险的，付款人员需要对此负相应的责任。

（2）建立供应商信息维护系统

建立供应商信息维护系统有助于增强企业与供应商之间的合作，实现与供应商的合作双赢。该系统应该将重点放在与供应商的信息共享上，采取合作与协商来确保双方行动的一致性。供应商维护系统可以按照货物类型与付款金额制定差异性的审批流程，并明确相应的职责权限。在企业审批合格后的供应商中确定对象，采购人员必须按照通过审批的采购清单下单采购，合同的具体内容则需要企业的管理层确定并进行审批。供应商主数据需要以供应商信息表作为基础，这也是供应商信息维护系统的重要环节。针对国内供应商，信息表应该要求加盖企业的财务专用章或公章,针对外国供应商,则必须由企业经理以上负责人签名同意。其流程为:采购部门将空白表的信息表传递给供应商,随后将供应商填写完成的信息输入财务系统,形成供应商主数据信息,随后采购部门将有关信息交由财务部门进行归类管理。财务部收到供应商信息表,在SAP系统里建立供应商主数据的财务信息,财务部门必须确保各项财务数据的准确无误。对于供应商信息表要进行归档处理,便于今后进行核查。在建成供应商主数据库后,财务部门要把信息提交给控制部门进行再次审核,确认无误后,财务部门可以进入付款流程进行款项支付。

为了健全供应商信息维护系统,企业应该进一步完善政府费用与第三方付款的主要数据信息。政府费用如农民工保证金等可以在财务共享系统中设置专门的项目,便于进行付款管理与审查。取消将农民工保证金归入个人的操作,只需在系统中将其归入借记预付款供应商类,贷记银行存款则可以归入分录的摘要中,通过设计百分比的方式来对该项目进行识别。

当供应商信息体系建立起来后,财务部门还要定期考核评价供应商的资质,要按照考核评价情况选择优质供应商,这是对供应商进行监督的有效方式,以监督供应商为企业提供物美价廉的优质原料。

(3)付款时构建记账查重体系

就并未签订合同的付款项目,可以按季度在银行中定期处理额度超过一万元的明细账目,对付款清单进行核对,如发现重复支付的情况,应及时弄清原因。针对通过供应商主数据完成支付的项目,如果发现错账冲回问题,在核账时要将清账记录打印出来附在凭证后供后期核查,同时要加强对有关部门的监管,对错账冲回发生的清账记录及其原因进行严格检查。

就重复付款的问题,企业可以在预付款项上注明该款项的用途,并在系统中予以体现,以减小发生重复付款的概率。按照线下付款申请进行入账处理的方式,很有可能造成拿到发票影像后再次将该款项入账并造成重复付款的现象。针对该问题,企业可以对有关规定进行修订,要求预付款按照线下付款申请完成入账,由此避免出现重复付款和入账的问题。就政府事业单位付款则要与采购部门进行沟通,可以通过签订结款合同的方式分阶段支付。

(4)严格落实授权和审批制度

企业要在兼顾金额与内容的基础上制定正确的授权制度,因此对于采购部门的各种订单的实际范围，通过明确非合同订单的内容，把人员招聘、保险费等归入合同类采购付款项目中，由于该类业务牵扯到控制部门与人力资源部门，因此需要与这两大部门进行沟通。在公司的培训或会议上，应付业务部应该就采购付款形成合同订单的有关要求向业务部门进行详细的介绍，增强各部门严格按照订单流程开展工作的意识。通过与控制部门进行沟通，在其指导下完成对采购付款流程的确定。针对车险则可以通过询价来确定供应商，该合同由控制部门根据订单逐一就其内容与保险公司确定。在收到货物后，交由应付业务部门按照合同内容定期支付款项或者检查应付余额。应付业务部门要定期对预付款的账龄进行研究，对没有如期提交发票的员工采用电话或邮件的方式予以提醒。所有步骤都必须以公司规定的授权与审批流程进行，以达到增强控制力度，减小舞弊风险的目的。

不相容岗位职责分离。在不相容职位分离制度方面，企业予以严格遵守并认真落实，以此减少发生职责冲突风险的概率。企业按照自身的实际情况形成了较为完善的职责分离控制体系，其目的是有效地分离职责，以更好地进行工作部署和监督。企业所有的支付活动都需要按照授权、审批、执行、记录和监督进行，各项工作的具体负责人员各不相同，从而让各个环节能够相互监督。针对个别付款业务环节存在的职责不清问题，企业应该尽快明确职责，并完善付款流程，让工作人员在处理该类款项时能够有据可依，尽可能避免发生人为错误。针对与国外供货商的合作，应该安排多个财务工作人员分别负责发票的收取、审核、付款、对账等任务，通过由不同的财务工作人员负责不同的环节，真正落实不相容职责分离制度，确保付款业务能够准确无误地完成，并让所有环节都能够得到有效监管，减少企业发生舞弊风险的概率，即便其中某环节出现问题也能够在第一时间查找原因并明确责任。此外，针对企业的仓储费、销售支持、折让等工作则应安排专人负责。一岗多责很容易造成一家独大、缺乏有效监督的情况，按照不相容职位原则落实岗位职责对企业的持续健康发展有着积极意义。

明确关键控制点。企业在进行采购付款时，应付业务部未能明确审核的重点信息，需要对其做明确界定。应付业务部在对预付账款进行账龄分析的过程中，要对税票影像获取的及时性进行严格判断。针对未签订采购合同的预付款申请，应付业务部应定期对预提资金进行审查，判断其是否属于预算之内。对于付款清单的审查，要将变动部分的费用作为审查重点，通过横向比较的方式，根据库存量判断该笔费用是否合理、合规。要根据签订的合同要求对变动费用进行计算，确保对各控制点进行严格检查，同时还要审查该笔费用的支付流程是否符合公司规定。对符合返利规定的经销商要按照规定分阶段对其资格进行审查，确认其是否符合冲销与预提的条件。针对没有如期完成收货的订单，要向有关部门进行提醒，对于未结订单，管理层和有关部门都要实时跟进并查明原因。

（5）提升员工素质，提高应付账款内部监督质量

加强培训员工综合素质能力。企业各部门人数分布不均，企业要进一步完善员工组织结构，确定各部门最适宜的员工数量，要注意闲置经理的大幅增加会带来企业运营成本的上升，所以企业应该将工作重点放在细化部门、深化管理上。企业的财务工作人员在业务上相对比较薄弱，这对财务共享中心的管理显然不利，所以要加强对员工的专业知识和专业技能培训，尽量降低错误发生概率，支持员工进修提升，对于员工获得专业资格证的要予以物质奖励，同时将参加培训进修纳入考评内容，对确实参加专业培训和进修的员工，要根据课程的专业程度予以奖励。

加强企业文化宣传。大力宣传诚信经营的理念，增强全体员工的诚信意识，一方面这有利于减少应付账款风险的发生概率，另一方面这也是企业应付账款管理水平提升的前提。

因此企业必须将应付账款管理作为重点，及时掌握应付账款方面的风险并积极采取措施加以防范。企业领导层首先必须提高自己的风险意识，为员工做好榜样。此外，还要通过宣传诚信理念、鼓励员工提高职业操守等方式增强全体财务共享中心人员的诚信意识。不可因一己私利忽视规章流程随意购置原料，给企业资金周转造成风险隐患。为了提高全体员工的诚信与风险意识，企业应该制定切实有效的奖惩机制，针对有着良好诚信并且较强风险意识的员工，要进行物质与精神上的奖励，为员工营造健康和谐的工作环境。

建立完善的内部审计制度。就各部门落实内部控制制度的情况，企业会派出审计人员对其进行监督，不过企业并未设立专门的审计部门。为了更好地进行风险控制，健全企业内部审计制度，企业应该设立具有较高独立性的内部审计部门，通过引进与培养内部审计人员等方式加强企业内部风险控制。内部审

计对企业应付账款的风险管理具有五大作用：监督、控制、评价、咨询服务和风险预测。监督职能是企业内部审计的核心工作，从第三方角度对企业各部门的财务运行情况进行监督，同时及时将监管信息反馈给管理层和相关部门。独立的内审部门能够促进企业管理绩效的提升、生产效率的提高和运营成本的降低，为企业带来更大的经济收益。就企业财务共享中心而言，完善的内控制度与内部审计机制能够对财务活动进行约束，及时发现其问题并采取措施加以解决，尽可能减少企业的经济损失。

建立付款业务的内部监督激励机制。应付款的风险控制首先应该以内部审计监督机制的形成作为前提，在企业运营的所有环节都实行严格的内部监督，可以大大降低付款业务风险发生概率。为了更好地控制风险，企业应该对风险控制制度的落实情况进行定期或不定期的检查。要通过形成科学有效的绩效评估和管理机制来落实对各部门的绩效考核，同时将其结果与财务、采购部门员工的工资挂钩。可以对落实情况较好的员工进行奖励，如果发现制定情况不佳的，要予以批评和警告，甚至与员工的晋升、年终绩效等对应起来。从考核指标来看，供应商的反馈、采购价格、付款的时效性等都应该作为绩效考核的指标，通过严格的绩效考核和与之匹配的奖惩制度刺激财务共享中心与采购部门更关注内部监督，促进员工主动提高自身绩效，以实现企业有效控制付款风险的目标。

（三）资金管理风险解决对策

1. 完善资金预算流程

针对企业制定的资金集中管理方案，财务共享中心应该及时进行更新，让各财务工作部门及其工作人员都能够在第一时间明确自己职责内容和范围，增强信息录入前期的审查力度，在业务部门将财务信息上传到系统之前，子公司的相关负责人应该对信息进行严格审核，在确认无误后对信息进行保存并提交到财务共享中心。此外，针对大额资金，企业必须严格按照审批程序进行审查，要针对资金预算建立例会机制，通过定期召开资金管理会议对资金的使用情况进行纵横比较。企业必须高度重视各项资金的使用情况，如购买了银行理财产品的相关数据，已经购买的，即将到期的，还未到期的。

此外，为了确保现金流量编制与实际情况之间不出现较大的偏差，企业必须对各项资金进行集中核算与管控，以此提高预算的科学性与合理性。在对所有资金进行全面监管的基础上，动态监管企业资金预算落实情况，避免资金使用出现问题，提高企业资金信息的准确性。

企业实施财务共享中心管理必须有完整的资金预算作为基础，其关键又在于完善企业的资金预算管理体系，在系统功能上应该设置根据企业制度和审批流程完成资金预算的项目。根据预算管理委员会的要求通过编制资金预算来增强企业对资金预算的管控，在资金预算管理时可以采用多方参与审核与决策的方式，避免资金预算出现偏差等问题。

此外，良好的预算管理还需注意如下问题：一是确定编制预算的依据，完善预算指标体系，明确预算控制的内容与手段，为各层级赋予相应的权限；二是在实际过程中，当企业资金接近预算临界点时，财务共享中心系统会自动发出预警，提醒有关部门加强对预算执行情况的监督，以更好地进行预算控制；三是对预算的落实情况进行定期研究，通过细化指标实现对预算执行情况的监管，并将其作为来年编制预算的参考，以切实提高企业的预算管理水平和管理质量。

2. 加强资金结算控制

在对资金结算流程进行管理与控制时，资金安全性是最为重要的目标，它也是企业得以健康生存与发展的保障。一是优化提升系统性能，让系统功能与企业实际的资金结算流程相契合。通过财务共享中心完成资金结算时，需要对系统存在的各种漏洞情况进行全方位掌控，要及时发现漏洞并采取措施加以解决，保证系统能够正常运行。针对系统结算功能方面的安全性要安排专人负责进行检查，避免由于系统漏洞给企业造成经济损失。在系统性能有充分保障的前提下，企业的财务共享中心运转才能有可靠的硬件保障，才能提高企业资金结算安全性。二是要加强对资金报销工作的管理，提高资金结算有关人员的规范操作意识，确保报销单据信息的准确性和真实性，所有单据及其附件都必须进行扫描并上传到系统中。财务共享中心的工作人员在对报销的有关内容进行审查时，必须做到严格、仔细、认真，在付款时要就收款方信息和付款金额的准确性进行核对，确保资金支付准确到位，避免人为出错让企业蒙受损失。三是增强预算与结算之间的匹配度，充分发挥财务共享中心具有的协同效应，通过数据共享对企业资金的预算与结算环节进行有效控制，实现这两大环节的信息化管理。通过加强对收支环节的管控，防止在这一过程中出现违规操作的行为，提高防范资金管理风险的意识和能力，形成成员企业共同参与建设的风险预警机制，通过授信评价体系对成员企业进行客观评价，掌握与之相关的资金与信用风险，其中特别要注意企业经营性风险、资金流动性风险和内部控制风险等。通过强化内部审计制度，尽量避免成员企业不遵守规范，进而引发企业的经营性风险。四是采取有效的办法和途径确保信息安全，避免发生信息泄露。采用信息加密技术提高数据信息的安全性，同时在企业内部形成岗位责任牵制机制。就关系企业生死存亡的涉密信息，一定要提高其安全保密性，在使用网络传输的同时还应该采用纸质文件备份保存。

3. 强化资金核算系统

在推行财务共享中心管理模式后，企业可以集中管理其财务与会计核算业务，通过形成标准、统一操作流程对财务业务进行处理，在提高企业核算能力的同时，加强财务管控力度让企业面临的财务风险大幅度减少。企业所需核算的资金具有事项细、科目杂、工作量大、资金数目大、参与人员多等特征，它们都可能引发不同的财务风险。在这些庞杂的工作背后，我们可以总结出财务共享中心资金核算管理的关键问题：一是制定完善的财务核算管理机制，通过健全的规章制度为财务核算工作的开展奠定基础，通过要求所有成员严格按照制度办事来促进核算业务的统一化与标准化；二是对信息录入功能进行优化，为了提高数据的完整性和可靠性，在录入过程中增加审核功能，各项数据应该与相应的会计科目联系起来，对于往年的财务数据录入一定要确保系统兼容性，可以在系统中设置固定参数与其匹配，让企业的会计核算工作更加规范；三是必须设置关键数据的审批流程，让审核过程与企业规定保持一致，对于不必要的流程可以予以剔除，促进资金运转过程的信息化、电算化，加强对其过程的监管；四是按照复核流程安排专人负责对数据进行初核和复核，集中核算内容应该包括四个方面，即参数、制度、核算和系统，要以最真实可靠的财务客观展现企业的经济业务情况。

加强对资金核算环节的管理，促使该管理过程向标准化发展，这不仅有利于提高财务数据的准确性和有效性，还有利于促进财务信息在内部各部门的共享，以及加强对资金的集中统一管理。此外还可以搭建"云对账"系统，让客户、员工和银行之间能够相互监督。通过对账平台的搭建，企业可以在第一间发现自己在资金流通中存在的问题并加以解决，通过优化工作流程提高资金流通效率。最后，企业还要积极引进与培养复合型人才，要吸引有扎实的财务核算知识基础和有较高电算化技能的人才加入团队中来。

4. 提高资金监管力度

在资金监督管理方面，企业要努力实现对资金流转的全过程进行监管，就企业资金的预算与控制管理可以从如下方面着手：一是对资金流转的所有环节进行监控，对小额现金可以进行每日核对账目，同时安排专人对企业的应收账款进行跟踪，以减少坏账发生的概率；二是严格监控企业的报销与支付环节，确保其严格按照企业规定的流程完成报销和支付；三是提高对开支项目的关注度，通过构建超支预警机制确保收支与预期保持一致，如有必要可以将其纳入绩效考核，同时对企业利润的分配也要予以认真监督；四是针对发现的问题要采用报告的形式要求有关部门按照企业制定的资金监督管理制度进行整改。

在资金考核管理方面，企业要根据自身制定的管理目标形成与之适应的资金考核管理制度，对于资金考核管理，不仅要明确其构成指标，还应该确定各项指标的权重，要对全体员工大力宣传资金考核具有的重要意义，安排专人负责考核事宜。此外对于考核流程也应该设置审批环节，通过电子审查减少主观干扰因素的影响。努力健全考核整改机制，针对资金考核结果，企业应该召开专题会议进行研讨，并提出整改措施，根据各部门上交的整改报告将其纳入来年资金考核范畴，让资金考核环节的作用得到真正发挥。

（四）资产管理风险解决对策

1. 建立健全资产购入预算分析

企业财务共享中心应当建立资产预算分析，当企业经营业务部门需要购入资产时，业务部门上传到系统中的数据还应该包括资产购置分析表和可行性分析报告。购置分析表包括预计购入时间、金额、基础设施状况、厂家信息、市场情况、未来经营预测、经济发展趋势。可行性分析报告至少从两个方面进行分析，一个是该项资产购入是否符合企业发展战略，另一个是资产项目投资后企业的资产结构是否合理。

2. 优化管理信息系统，改进盘点环节

企业财务共享中心可以减少企业人力成本、物质成本、资金成本等，但是该共享系统还存在不少问题，尤其是在资产管理数据信息的统计上还有较大的不足。企业应当进一步增加相关信息的录入和登记，要着力增进各部门之间的联系，提高信息传递的及时性和有效性，财务共享中心应该将企业财务相关的各种管理活动与信息化结合起来，全面提高企业的管理效率。在资产管理中，企业可以使用条形码对固定资产进行管理，将通过系统生成的特有条形码打印粘贴在固定资产上，将系统中的固定资产信息与企业的实际资产相对应，如此一来，财务共享中心人员就可以通过系统内的电子条形码及时准确地读取资产的信息，比运营中心传来的电子卡片更方便，通过对固定资产设置条形码进行管理，不仅能够减少财务人员的工作量，还能避免发生错误。当前，部分企业在清理固定资产时主要是对账实相符问题进行核对，由于财务共享中心的人员无法亲自盘点，难以全面而真实地掌握企业固定资产情况，在企业的固定资产盘点过程中，可以采用电子化盘点，盘点时运营人员只需扫码就可将资产情况传输到财务共享中心，方便共享中心人员核对资产的情况。

3. 增加处置环节中的监督

就固定资产处置方面来看，当固定资产还可以进行整体或拆分出售时，企业的归口部门会自行寻找客户并与之签订合同完成交易。针对该问题，企业应该采用视频或现场监管形式，引入财务共享中心人员等第三方部门对企业固定资产的所有出售环节进行监管，同时各参与方都应该签订承诺书，留存电子档。针对固定资产现存情况较差并满足报废要求的，当前部分企业是由归口部门直接与废品回收企业联系对其进行处理的，对此，企业可以筛选出最佳的废品回收企业进行合作，在处理报废固定资产的过程中，财务共享中心人员对其全过程中进行网络监督并签字存档，避免发生舞弊的问题，同时财务人员还要审核有关单据的审批流程和签字等是否完整，并建立核查对比体系，综合对比近几年处置数据，对相差较大的两笔类似资产处理进行事后监督，并及时在内部网站公布相关处理情况，促进资产处理过程的公开透明。

（五）税务业务风险管理解决对策

1. 强化企业税务信息沟通

由于部分企业的分、子公司分布于各个地区，因此财务共享中心人员必须掌握这些地区的税收政策变化，要根据自身情况和税务风险制定科学的税务风险管控策略，以更好地掌控税负风险，防止其为企业发展造成阻碍。

企业财务共享中心应及时和各分部地方财政取得联系，明确资金归位情况，做好账务处理。还要和各地国税总局积极沟通，明确扣税时间、金额、扣税方式，避免滞纳金的收取，还要和银行取得联系，明确扣税三方协议的时效性。笔者认为要提高税务信息沟通能力可以从如下方面着手。

第一，进一步完善财务共享中心基础信息系统。针对企业遭遇风险的事件、风险点类型及其形成原因，风险带来的影响，识别风险的方法和应对措施等基础性数据，企业应该在系统中进行完整记录、认真分析和整理，要将收集到的信息在第一时间提交给管理层，并与相关部门进行共享，便于各部门尽快采取有效应对税务风险管理的措施。

第二，打通内部信息交流通道。针对各部门提交的涉税业务信息，税务业务部应该根据信息内容及时编制反馈表，并将其传递给相关部门，让各部门充分了解企业可能遭遇的税务风险，使其明白自身需要承担的税负风险管理任务。其中生产经营部门要根据设备采购、耗用、销售等可能引发税务风险环节的实际情况，及时并如实地向共享中心管理人员反馈信息。随后，管理员应该如期对有关信息进行汇总分析，并将分析结果提交给企业管理层，同时对产生的税务按要求进行处理。由于集团公司内部组织比较复杂，业务范围较广，涉税事项也比较多，针对该情况，集团公司可以通过已有的财会信息系统搭建税务信息系统，该税务信息系统可以包含国家税务法律法规、企业的税务风险点、办税流程等信息。

第三，增强与外部环境的信息交流沟通。生产经营部门应该积极增进与供应商、客户之间的联系，按照业务情况与客户、供应商积极沟通并将结果提交给税务业务部，便于该部门全面掌握企业的生产经营情况。此外，针对拥有先进税务风险管理经验的企业，应该加强与之进行沟通交流，在学习其经验教训的基础上提高自身税务风险管控能力。同时，税务部门还应该积极与国家税务机关进行沟通，通过搭建政企交流平台，与之共同就企业涉税政策、流程等进行沟通交流，并及时掌握税务政策变化，通过加强与税务机关的沟通达到降低自身税务风险的目的。

2. 建立企业税务风险管理目标

税务处理比较烦琐，各种单据发票都需要稽核，财务共享中心管理人员要及时拟定税务风险管理目标，以便高效准确地处理税务业务，按照《大企业税务风险管理指引（试行）》，结合大企业在风险管理方面具有的特征，笔者认为大企业在进行税务风险管理时应该以合规性、战略性和效率性为目标。

第一，以合规性为目标。该目标是指要确保大企业的各种涉税事项与国家出台的税法要求完全相符，这是企业防范和控制税务风险的重要途径，所以企业税务风险应该将其作为第一要务。为此，企业财税业务部门应该充分了解税法，知晓企业纳税人应该承担的各种纳税义务，确保企业的涉税环节均按照税法规定开展税务登记、发票的开具使用、税款的缴纳等。

第二，以效率性为目标。这是指企业为了谋取最大利益，在开展税务风险管理时必须尽可能降低税务成本并创造更高的税务价值。为此企业必须认真评估税务风险管理所需承担的成本和能够为企业创造的收益，要注意避免照搬其他企业的做法，要结合自身的风险管理特征提高企业税务风险管理水平和管理质量。在企业的成本支出中，税务支出占据的比例较大，企业的税务风险管理应该做到在符合税法规定的基础上最大限度地降低企业税负压力，尽量避免被税务机关处罚，同时通过充分有效的税务筹划方式节税，以提高企业收益。

第三，以战略性为目标。这是指在税务管理的过程中一定要将企业整体发展规划作为前提和基础，通过树立品牌形象，增强与税务机关的沟通，加大与其他企业的联系，提高自身的税务风险管理效率。因此，企业制定的税务风险管理策略必须与自身的战略发展目标保持一致，管理层在决策时要充分考虑税务风险，防止因为引发税务风险对企业形象造成不良影响，在企业的发展过程中要积极掌握识别、评估和应对税务风险的方法，与税务机关搭建良好的沟通关系。

3. 完善税务风险识别方法

财务共享中心只有完善企业的税务风险识别方法，才能更好地发挥其共享中心职能。在识别企业的税务风险时，首先要具体识别企业可能遭遇的税务风险类型，具体包括对税目、税率、税额、期限和优惠等税务风险的识别，要按照识别的税务风险细化管理策略。

第四节　企业财务危机的预警

一、财务危机发生前的征兆

财务危机又称财务困境。企业因财务危机导致破产实际上是一种违约行为,所以财务危机又可称为"违约风险"。有关财务危机的定义,国内外学者有不同的观点,主要有以下两种观点:其一是企业现金流量不足以抵偿其现有债务,这些债务包括应付未付款、诉讼费用、违约的利息和本金等。其二是企业现有资产价值不足以偿还负债价值(也就是说净资产出现负数)。从不同的角度来看,财务危机的含义是截然不同的。从防范企业危机的角度来研究财务危机的定义,应该侧重于考察企业的技术性破产,应把财务危机定义为"一个企业处于经营性现金流量不足以抵偿现有到期债务的状况"。

财务危机是由于企业财务状况的不断恶化而造成的。因此,企业一定要十分注意那些可能导致财务恶化的早期特征,将那些可能危及企业获利能力甚至生存的问题及早解决,并随时注意可能引起财务危机的种种现象。一般说来,财务危机发生前主要有以下表现形式。

(一)销售的非预期下跌

销售的下降会引起企业各部门关注,但是,大多数人往往将销售下降看作是销售问题,用调整价格、产品品种或加强促销来解释,而不考虑财务问题。事实上,销售量的下降会带来严重的财务问题,尤其是非预期的下降,只不过可能不会立即反映出来。

（二）非计划的存货积压

企业管理人员应根据企业具体情况，掌握关于存货与销售比率的一般标准，任何一个月的存货与销售的比率如果高于这个标准，都可能是企业财务危机的早期信号，不少情况还与非预期的销售下跌有关，因此必须通过增加销售或削减采购等办法来及早解决这一问题。

（三）平均收账期延长

较长的平均收账周期会吸收掉许多现金。当企业的现金余额由于客户迟缓付款而逐渐消失时，较长的平均收账期就会成为企业严重的财务问题。还有一些原因也会减少企业正常的营业现金余额，但管理人员应该重视企业的收账期，从中找出主要问题，以免使问题变得更为严重。

（四）过度扩张规模

如一家企业在许多地方大举收购其他企业，同时涉足许多不同领域，可能使企业因负担过重、支付能力下降而破产。一个企业新建项目扩张或对原有的厂房进行大规模扩建，都是扩张业务的表现。一旦业务发展过程中企业未进行严格的财务预算与管理，很可能会发生周转资金不足的现象。因而，对于大举收购企业（或资产）的行为要多加注意，企业要能够透过繁华的表象发现财务危机的征兆。

（五）财务报表不能及时公开

财务报表不能及时报送，财务信息公开延迟一般都是财务状况不佳的征兆。但这只是提供一个关于企业财务危机发生可能性的线索，而不能确切地告知是否会发生财务危机。对这样的企业不仅要分析财务报表，还要关注财务报表附注以及有关的内幕情况，防范风险。

（六）过度信赖贷款

在缺乏严密的财务预算与管理的情况下，较大幅度增加贷款只能说明该企业资金周转失调或盈利能力低下。

二、财务危机的发展阶段

企业发生财务危机主要源于企业的内在因素、行业特征因素和外部经济环境。企业的内在因素主要包括经营者的管理能力、企业的组织结构、企业的财务结构、企业生产技术的先进性、企业的营销渠道等,这些因素大部分是可控的。企业的行业特征因素主要包括所处行业的产品特性、产品销售的竞争程度、行业的景气变化情况、产品的生命周期等。企业的外部经济环境主要包括货币供应、汇率变动、利率水平、物价水平、国民就业状况及所在国的法律、文化、社会、政治等。企业的行业特征因素和外部经济环境因素大多是企业的不可控因素。从企业财务危机发生的过程来看,可以分为三个阶段,即经营失调阶段、经营危机阶段、经营失败三个阶段,这三个阶段划分的依据是反映企业流动性、结构性、盈利性、效率性和成长性等财务指标的恶化程度,例如,企业在经营失调阶段的主要表现为主营业务收入下降、流动资金紧张;在经营危机阶段主要表现为资金严重不足、周转困难、短期债务无法偿还;在经营危机阶段主要表现为企业经营活动几乎陷入停滞状态,负债总额超过资产总额,出现资不抵债的现象,除非进行大规模的资产重组,否则企业无法摆脱破产的困境。

企业的财务危机都有一个逐步显现、恶化的过程,企业经营失调阶段、经营危机阶段、经营失败三个阶段,每个阶段都具有一定的特征,这些特征一般可以通过企业的财务指标加以反映,也可以选择其中一些具有敏感性的财务指标建立预警模型来对企业可能发生的财务危机进行预警分析,以便充分利用财务危机预警机制,防范和化解企业由于经营失败所带来的风险。[①]

三、财务危机预警分析方法

(一)标准化调查法

标准化调查法又称风险分析调查法,即通过专业人员、咨询公司、协会等,对企业可能遇到的问题加以详细调查与分析,形成报告文件,以供企业决策者

---

① 刘莉:《我国中小企业财务管理创新研究》,中国商务出版社,2023。

参考。这些报告之所以被认为标准化，是因为其提出的问题对所有企业都具有指导意义，这是这种方法的优点。但换个角度看，对特定的企业而言，标准调查法形成的报告无法提供企业的特定问题。并且，报告文件是专业人员根据调查结果，以自己的职业判断为准对企业的情况给予的定位，这里有可能出现主观判断错误的情况。

（二）"四阶段症状"分析法

企业财务运营情况不佳甚至出现危机，肯定有其特定的症状，而且是逐步加剧的，我们的任务是及早发现各个阶段的症状，对症下药。"四阶段症状"分析法将财务运营症状与危机划分为四个阶段，即财务危机的潜伏期、财务危机的发作期、财务危机的恶化期、财务危机的实现期，企业管理当局要针对各阶段的发病症状，尽快弄清病因，采取有效措施，摆脱财务困境，恢复财务正常状况。

（三）"三个月资金周转表"分析法

判断企业财务危机的有力武器是看是否制定了三个月资金周转表，是否经常检查结转下月余额对总收入的比率、销售额对付款票据兑现额的比率及考虑资金周转问题。

这种方法的实质是企业面临的理财环境是变幻无常的，要避免发生支付危机，就应当仔细计划，准备好安全度较高的资金周转表。如果连这种应当办到的事也做不到，就说明这个企业已经呈现紧张状态了。

（四）流程图分析法

企业流程图分析是一种动态分析。这种流程图对识别企业生产经营和财务活动的关键点特别有用。运用流程图分析可以暴露企业潜在的风险，在整个企业生产经营流程中，即使一两处发生意外，都有可能造成较大的损失，如果在关键点出现堵塞和发生损失，将会导致企业全部经营活动终止或资金运转终止。一般而言，企业只有在关键点处采取措施，才可能防范和降低风险。

四、财务危机的预警机制

在分析企业财务危机形成过程的基础上，可以有针对性地建立企业财务危机的预警机制，这一机制主要包括以下方面。

（一）组织机制

为使预警功能得到正常、充分的发挥，企业应建立健全预警组织机构，预警组织机构应相对独立于企业组织的整体控制。预警组织机构的成员是兼职的，由企业经营者、企业内部熟悉管理业务、具有现代经营管理知识和技术的管理人员组成，同时要聘请一定数量的企业外部管理咨询专家。预警机构独立开展工作，不直接干预企业的经营过程，只对企业最高管理者（管理层）负责。预警机构的日常工作可由企业现有的某些职能部门（如财务部、企管办、企划部）来承担。采用预警组织机制可使预警分析工作经常化、持续化，只有这样才能产生预期效果。

（二）信息收集和传递机制

良好的财务预警系统，预先防范财务危机的发生，必须建立在对大量资料进行统计、分析基础上，这样才能抓住每一个相关的财务危机征兆。财务危机预警资料包括内部数据和相关外部市场、行业等数据，这个系统应是开放性的，不仅有财会人员提供的财务信息，更有其他业务渠道产生的信息。这个系统不仅是一般意义上的企业会计核算报告系统，还包括对会计资料的加工处理、分析判断，以及诊断企业潜在的财务危机并及时消除财务危机的专家系统。

（三）分析机制

高效的预警分析机制是关键，通过预警分析可以迅速排除对财务影响小的风险，从而将分析人员的主要精力放在有可能造成重大影响的财务风险上。有重点地分析财务风险的成因，评估其可能造成的损失。当风险的成因分析清楚后，就可以制定相应的措施防范财务危机的发生。为了保证分析结果的真实性，从事该项分析工作的部门或个人应保持高度的独立性。预警分析一般有两个要素，即预警指标和扳机点。预警指标是指用于早期测评运营不佳状况的变动财务指标；扳机点是指控制变动指标的临界点，一旦预警指标超过预定的临界点，则应变计划要随之启动。

（四）处理机制

在财务危机原因分析清楚后，就应立即制定相应的预防、处理措施，尽可能减少财务危机带来的损失。企业财务预警制度若要能够真正地有效运作，就必须建立企业管理信息系统（如企业资源计划 ERP），通过管理信息系统提供及时而完整的经营成果数据，企业管理当局可以依据这些运营数据，与预先设定的财务预警指标进行比较。当有超出或低于预警指标的情形发生时，就表明企业财务状况有不良症状产生，企业管理当局应及早依据预警指标所代表的经营内涵进行进一步的深入研究判断，找出蛛丝马迹，对症下药，以防财务危机恶化。

总之，我们可以把企业财务危机预警机制比作气象台的天气预报系统工程，它属于事前的财务危机监测，我们将这一机制融入企业的财务控制、考核、分析、决策中，通过预警分析方法，建立一套切实有效的财务预警系统，这样就在瞬息万变的市场风险面前树立了一道防风墙，它让企业在市场竞争中有了先机。

第七章 企业财务会计与绩效评价的控制

第一节 企业绩效评价及构成要素

一、企业绩效管理的概念

（一）绩效管理的概念

现代管理学认为，管理活动是一个过程，由计划、组织、领导、协调、控制等基本内容构成。绩效管理（performance management）作为组织管理活动，是人力资源管理活动的重要组成部分之一。同时，它本身也是一个过程，是管理者与被管理者之间根据组织目标对被管理者的工作活动、工作技能和工作产出进行持续的沟通与评价，进而保证组织目标有效实现的过程。绩效管理中的"绩效"是全面的绩效，从层次构成上看包括员工绩效、团队绩效和组织绩效，从内容上看包括结果、行为和素质。绩效管理是现代人力资源管理的核心职能，正确认识和理解其含义是科学使用和实施的前提。对于绩效管理的含义可以从以下三个方面加以理解。

1. 绩效管理是一个过程

绩效管理是一个包含若干环节的系统，通过该系统在整个工作过程中的运行实现管理目的。绩效管理不仅强调绩效结果，而且重视达成绩效目标的行为和过程。绩效管理不仅是最后的评价，还强调通过控制绩效周期中的整个过程来达到绩效管理的最终目的。因此，绩效管理不仅是目标管理，还是过程管理。

2. 绩效管理注重持续的沟通

绩效管理特别强调通过沟通辅导实现员工能力的提高，进而实现绩效管理的目的。绩效管理是以人本思想为指导的组织与员工双赢的策略。各级管理者都要参与到绩效管理的过程中来，各种方式的沟通辅导贯穿于整个绩效管理系统，进而使管理者与员工相互理解，彼此促进。

3. 绩效管理的最终目的在于绩效改进

绩效管理注重实现绩效改进，而不是绩效评价。在评价员工绩效的同时，绩效管理是防止员工绩效不佳和提高员工绩效水平的工具，所以它的各个环节都是围绕绩效改进这个目的进行的。具体的任务目标只是绩效管理的具体落实，其根本目的则是通过绩效的持续改进提高组织的核心竞争力。

（二）绩效管理与绩效评估的区别

1. 绩效管理

绩效管理是一个完整的循环系统，包括绩效计划、绩效实施、绩效评估和评估结果应用等几个环节。在确定组织战略和员工绩效目标等基本内容后，管理者应与员工就绩效目标以及如何实现目标达成共识。同时，在员工进行工作的过程中以及绩效评估结果出来后，管理者通过与员工的沟通和协商，为其提供必要的支持、指导和帮助，最终实现组织和员工的双赢。

2. 绩效评估

绩效评估是整个绩效管理流程的一部分，是指管理者和员工运用科学的标准、方法和程序，对照在绩效计划阶段设定的目标，评估并总结员工实际的业绩。可以说，绩效评估是绩效管理中非常重要的一个环节。绩效评估可以为组织提供员工在绩效方面的信息，鼓励和促进员工之间的竞争，也有助于组织管理层发现组织和员工存在的问题，并提出具有针对性、建设性的改进措施，从而推动组织和员工的发展。

3. 二者区别

通过以上对绩效管理和绩效评估二者的界定，我们不难发现二者的区别。

第一，绩效管理关注过程，而绩效评估关注结果。绩效管理是一个复杂的系统，强调对员工绩效事先的预见和过程中的引领与指导。绩效管理的根本目的在于组织与个人绩效的提升。事实上，绩效评估只是绩效管理中的一个环节。绩效评估更关注最后的结果，并不重视对过程的控制，其着眼点是对员工过去绩效的总结。

第二，绩效管理是一个系统，而绩效评估是整体系统中的一部分。绩效管理是一个过程体系，大致可以分为绩效计划、绩效引领、绩效评估和评估结果应用四个阶段。绩效评估只是绩效管理若干环节中的一个阶段，虽然它在绩效管理中起着相当重要的作用，但绝不能以偏概全。[1]

二、评价主体

评价主体又称为评价组织机构，是评价行为的组织发动者。企业绩效评价体系是从出资人角度出发，为满足出资人监管需要而设计的。所以，资本所有者和其代表或授权监管人应是企业绩效评价的基本评价主体。

三、评价客体

评价客体也是评价对象，是实施评价行为的实施受体。包括被评价的企业和企业经营者两个方面。但两个方面的受体不可能截然分开，只是略有侧重而已。评价客体是一个变动的范畴，由评价组织机构根据实施评价的目的、范围等具体的评价目标来确定。评价对象也应视具体需要和实际情况而多样化。

四、评价目标

评价目标是进行绩效评价的理由，它是整个评价系统运行的指南和目的。

---

[1] 杨建珍：《企业财务会计》，机械工业出版社，2017。

绩效评价实质上是企业战略管理的一部分，绩效评价目标应当和企业战略总体目标相协调。它具体包括两部分内容：一是对企业一定经营期间整体绩效优劣进行判断，二是对企业经营者一定经营期间的绩效优劣进行判断。同时，绩效评价是建立激励与约束机制的基础和实施手段，可以引导企业管理者和员工自觉地为实现企业战略目标而努力。

五、评价标准

评价标准是评价工作的基本准绳，也是客观评价对象优劣的具体参照物和对比尺度。制定评价标准是实施企业绩效评价的前提。企业绩效评价指标分为定量指标和定性指标，因此，企业绩效评价标准分为定量标准和定性标准两大类。定量标准包括预算标准、历史标准、客观标准、经验数据标准和竞争对手标准。评价标准是在一定前提条件下产生的。随着社会的进步和经济的发展以及外界条件的变化，绩效评价的目的、范围和出发点也会发生变化，作为评价判断尺度的评价标准也相应会发展变化。但在特定的时间和范围内，评价标准必须具有相对的稳定性。

六、评价方法

评价方法是获取绩效评价信息的手段。有了评价指标与评价标准，还需要采用一定的评价方法，从而实施对评价指标和评价标准的运用，以取得公正的评价结果。没有科学、合理的评价方法，评价指标和评价标准就成了孤立的评价要素，也就失去了其本身存在的意义。

七、评价报告

评价报告是评价工作组完成企业经营绩效评价后，向评价组织机构（委托方）提交的说明评价目的、评价程序、评价标准、评价依据、评价结论以及评价结果分析等基本情况的文本文件，也是企业绩效评价工作最终成果的体现。

第二节　企业绩效评价方法

一、经济增加值（EVA）评价法

传统财务指标评价体系建立在按照账面价值衡量投资者投入价值的基础上。它既忽略了企业资产价值随时间变化的货币时间价值，也忽略了所有者权益的机会成本。20世纪五六十年代，理论界和实务界开发出一些基础性的"经济价值"指标如剩余收益、内含报酬率等。而针对剩余收益指标作为绩效评价指标所存在的局限性，开发出了注册商标为EVA（Economic Value Added）的经济增加值指标，并在1993年9月《财富》杂志上完整地将其表述出来。EVA最重要的应用领域是企业，经过Stern & Stewart咨询公司几十年不遗余力地推广，已成为企业内部绩效评价富有竞争力的指标，已有许多全球大公司采用EVA评价方法作为下属业务单元业绩评估和经营者奖励的依据。[①]

（一）EVA的概念

EVA简单地说就是一定时期的企业税后营业净利润（不扣除利息费用）与投入资产的资金成本差额。EVA不仅对债务资本计算成本，而且对权益资本也计算成本，实际上是一种机会成本。EVA是基于股东利益最大化的衡量指标，其思想源于20世纪五六十年代的剩余收益，著名管理学家彼得·德鲁克（Peter Drucker）曾在《哈佛商业评论》中评论："EVA绝不是一个新概念，只不过是对经济学家的'剩余收益'概念的发展，并具有可操作性和高度的灵活性。"

[①] 黄娟：《企业财务会计》，重庆大学出版社，2017年。

（二）EVA 的计算过程

经济增加值的计算从营业净利润开始，先对营业净利润进行一系列的调整得到税后经营净利润（NOPAT）；然后，用期初资产的经济价值乘以加权平均资本成本（WACC）得到资产的资金占用成本；最后用 NOPAT 减去资产的资金占用成本，公式如下：

$$EVA = NOPAT - WACC \times NA$$

其中：NA 代表公司资产期初的经济价值；WACC 是加权平均资本成本。

在计算 NOPAT 时要对报告期营业净利润进行一系列的调整，以指导公司准确得出真正的经济收益。Stern & Stewart 列出了多达 164 个调整项目，然而，在实际应用中，每个公司根据自己的实际情况，只需要进行 5～10 项重要的调整就可以达到相当的准确程度。一项调整是否重要可以按照下列原则进行判断：①这项调整对 EVA 是否真有影响；②管理者是否能够影响与这项调整相关的支出；③这项调整对执行者来说是否容易理解；④调整所需的资料是否容易取得。一个公司在计算经济增加值时，最终目的是要在简便和准确之间达到一种平衡调整的目的，主要解决以下的问题：首先，消除会计的稳健主义；其次，消除或减少管理当局进行盈余管理的机会；再次，使业绩计量免受过去会计计量误差的影响，如历史成本计量对资产价值的歪曲。

二、平衡计分测评法

（一）平衡计分法的产生

平衡计分卡的出现并不是偶然的，其直接原因是企业界的管理层基于传统财务业绩指标的固有局限性，认为有必要对财富创造的流程进行监控，有必要评价企业在其他非财务领域的业绩：如内部作业流程、市场及顾客方面的业绩、雇员的学习能力、新产品的开发能力等。由此，一些"领导者"率先开发了对于企业这些方面的能力进行评价的业绩指标。但在平衡计分卡之前的非财务计量和评价是根据局部的需要而设计的局部系统，并没有与整个公司的战略目标契合。进入 20 世纪 90 年代后，实务界和理论界逐渐致力于将非财务业绩指标与战略联系起来。卡普兰和诺顿对一些在业绩计量体系开发方面走在前列的公司的先进思想和指标进行了抽象的归纳,于 1992 年提出了综合计分卡的概念,提出了绩效评价过程中对于财务、客户和市场、学习和成长、内部作业流程四方面进行反映的思想,并与传统的财务记分卡相对应,提出了综合计分卡这一名词。

(二)总体框架及其特点

发明者声称,平衡计分卡被用来表达多样的、相互联系的众多目标,并确定了所欲达到目标的路径。这些目标是企业在基于生产能力的竞争和基于技术创新和无形资产的竞争中都必须达到的。计分卡将战略转化为战术目标和指标,具体分为四大类:财务、市场和顾客、内部作业流程、学习和成长。平衡计分测评法使经理们能从四个重要方面来观察企业,它为四个基本问题提供了答案:①顾客如何看我们?(顾客角度)②我们必须擅长什么?(内部角度)③我们能否继续提高并创造价值?(创新和学习角度)④我们怎样满足股东?(财务角度)。

以顾客为基础的测评指标十分重要,但它们必须成为公司内部必须做什么才能实现顾客预期的测评指标。毕竟,优异的顾客绩效来自组织中所发生的程序、决策和行为。经理需关注这些能使他们满足顾客需要的关键的内部经营活动。平衡计分测评法的第二部分,使经理能从内部角度进行考察。平衡计分测评法的内部测量指标,应当来自对顾客满意度有最大影响的业务程序,包括影响循环期、质量、雇员技能和生产率的各种因素。公司还应努力确定和测量自己的核心能力,即为保证持久的市场领先地位所需的关键技术。公司应当清楚自己必须擅长哪些程序和能力,并具体规定测评指标。

平衡计分测评法中,以顾客为基础的测评指标和内部业务程序测评指标,确定了公司认为对竞争取胜最重要的参数。不过,成功的指标是在不断变化的。激烈的全球性竞争,要求公司不断改进现有产品和程序,能有巨大的潜力引进新产品。公司创新、提高和学习的能力,是与公司的价值直接相连的。也就是说,只有通过持续不断地开发新产品、为顾客提供更多价值并提高经营效率,公司才能打入新市场,增加收入和毛利,才能发展壮大,增加股东价值。

第三节　企业绩效评价指标的设计

一、评价指标体系的设计原则

企业绩效评价指标体系的设计原则是一个完善的绩效评价体系所必须遵循的,是企业绩效评价实现客观、公正的前提。企业绩效评价指标体系的设计是为了全面反映企业经营状况,通过评价的结果检验、修正企业的经营管理措施,从而挖掘企业各种经济活动的潜力。由于企业经济活动千差万别,影响企业经营活动的关键因素也在不断变化,要科学、准确地将绩效因素反映在企业绩效评价指标体系上,指标体系的设计就必须反映经济活动、企业发展的共性。[①]

（一）科学性

企业绩效评价是服务于企业决策和管理的系统,指标体系和评价方法是否科学合理,不仅关系到评价结果的稳定性、可靠性和真实性,更会影响企业决策的制定。为此,指标体系的设计必须同评价内容一致,并将评价内容扩展到人力资源状况、管理组织能力、企业公共关系和企业战略与发展等层次,根据评价指标体系得出的评价结果才能与企业的实际绩效水平相符合,评价所产生的结论才能使被评价者信服,才能正确引导企业的经营行为。

（二）导向性

利用指标体系的设计,使企业将绩效管理的注意力由单纯的财务指标转移

---

① 舒文存:《管理会计视角构建企业绩效评价体系的实证研究》,企业管理出版社,2022。

到企业内部核心竞争力上来，从对短期结果的追求转移到对战略与发展能力的培养上来。

（三）可操作性

为了使本评价系统能够更加适用于企业，不会因为数据的获得困难而导致评价失败，应充分考虑到评价指标体系的易懂性和有关数据收集的可获得性，同时结合现代管理理论和计算机相关技术，实现评价程序的计算机化，尽可能方便评价实施者的使用。

（四）重点性

评价指标体系的设计必须遵循的重点性原则是指全面性应与重点性相结合。强调企业绩效评价指标体系的全面性，是因为它有助于从不同侧面和不同方面显示企业绩效水平。然而，过于全面的评价体系会使企业的评价变得毫无重点，不利于关键因素的评价，因此，评价指标体系应由那些能突出反映企业绩效水平的主要方面组成，而非影响企业绩效水平的全部方面。

（五）适应性

企业绩效评价指标体系的设计要能适应各种企业发展水平的具体情况，同时要求评价体系既能代表被评价企业的现状水平，又能揭示或预测未来企业发展的态势。当然，评价指标体系本身需要随着经济环境的不断变化而不断发展和完善。

二、评价指标体系的构成

企业的生产、经营活动是一个复杂的系统，企业绩效的优劣受到多方面的影响和制约。既受盈利能力、技术创新能力、市场开拓潜力的影响，又受企业员工素质高低和企业文化建设等方面的影响。企业决策、生产、经营、销售各个环节无不影响着企业绩效的好坏。在进行企业绩效评价指标的设计时，指标必须与评价目标紧密相关，即影响企业绩效水平的关键因素都应该具体表现在评价指标上。由于企业绩效评价指标体系包含了较多方面的内容，因此在对企业绩效进行评价时，需要将企业绩效评价指标系统划分为若干个子系统，采用多层次评价的方法。根据影响企业绩效水平的关键因素，可将企业绩效评价指标系统划分为五大子系统：财务评价指标，技术创新评价指标，顾客评价指标，员工评价指标，社会、环境资源评价指标。每一个相对独立的子系统反映企业绩效水平的一个侧面。将各个子系统加以综合，就可以完整地反映企业绩效水平的全貌。

（一）财务评价指标

财务评价是以企业财务报告所反映的财务指标为主要依据，对企业财务状况及其经营成果进行评价分析，为企业提供有关决策支持方面的财务信息。长期以来，各国的财务专家对财务评价进行了深入的分析，并得出了相对一致的结论：单独分析和评价任何一个财务指标，都很难全面揭示企业财务状况及其经营成果。只有将反映企业盈利能力、运营能力、偿债能力和发展能力的财务指标纳入一个有机整体之中，才能对企业财务状况的优劣做出评价和判断。

1. 盈利能力评价

盈利能力是指企业获取利润的能力，反映企业的财务结构状况和经营绩效。对企业做盈利能力评价时，可选定以下三个主要指标：净资产收益率、总资产报酬率、成本费用利润率。

2. 营运能力评价

营运状况是反映企业资源管理水平和使用效率的一个重要内容。营运能力的分析包括人力资源营运能力的分析和生产资料营运能力的分析。目前在财务评价中，营运能力的分析主要讨论生产资料营运能力的分析，即企业资产的营运能力的分析。而资产营运能力的强弱关键取决于资产的周转速度。可通过总资产周转率、存货周转率和应收账款周转率这三个主要指标来反映。

3. 偿债能力评价

偿债能力是指企业以资产偿还其债务的能力，企业偿还债务能力的强弱，是企业经济实力和财务状况的重要体现，也是衡量企业是否稳健经营、财务风险大小的重要尺度。通过对企业偿债能力的评价，可以反映企业利用财务杠杆的水平，分析企业资产负债比例是否适度。可通过资产负债率、财务杠杆系数、速动比率来评价企业偿债能力。

4. 发展能力评价

企业发展能力，也可以称为企业的成长性，它是企业通过自身的生产经营活动，不断积累而形成的发展潜能。发展能力的形成主要依靠企业不断增长的销售收入、企业降低开支而节约的资金和企业创造的利润。一个企业盈利能力再强，如果不注意积累，企业也很难得到发展。因此，考察企业发展能力，对于评价企业财务综合状况显得十分重要。发展能力通常采用资本积累率、总资产增长率和销售收入增长率作为评价指标。

（二）技术创新评价指标

技术创新是以企业为主体，以市场为导向，以提高企业经济效益、增强市场竞争力和培育新的经济增长点为目标，以其创造性的构思和市场成功实现为基本特征的层次性技术经济活动过程。它由创新投入、研究与开发、商业化生产、市场销售等一系列环节构成。

一般来讲，要全面、综合、定量地评价一个企业的技术创新是比较困难的。因此可以用成功的技术创新对企业行为的影响大小来衡量企业技术创新活动的情况。企业技术创新评价可以从技术创新投入、工艺创新和产品创新三方面综合考虑。

（三）顾客评价指标

"顾客满意"是市场营销领域的一个新概念。"顾客满意"经营战略的指导思想是企业整个经营活动要以顾客的满意为核心，从顾客的观点而不是从企业的观点来分析考虑消费者的需求。即把顾客的需求作为企业开发产品的源头，在产品功能及价格设定、分销促销环节的建立、完善售后服务系统等方面，以便利顾客为原则，最大限度地使顾客感到满意。

在实施"顾客满意"经营战略中，必然涉及对顾客进行评价的问题，要评价顾客的情况，就必须先建立评价顾客的相关指标，使之真实地反映企业顾客的现状与需求，通过评价结果来指引企业经营战略的开展，因此顾客评价指标的设计已经成为企业决策者最关心、最重要的课题之一。顾客评价指标主要有顾客满意度、顾客保持率、顾客获得率、从顾客处所获得的利润率、市场占有率。

(四) 员工评价指标

随着技术、经济和社会的剧烈变革，企业之间的竞争变得更加激烈，人已成为企业决胜的关键。员工是企业的核心资源之一，其能力的大小从根本上决定着企业的发展速度和发展方向。要最大限度地发挥员工的智力和技能、评价企业绩效的综合水平，就必须打破传统绩效评价的局限，把员工评价指标引入企业绩效评价指标体系中。只有切实从员工角度出发，以人为本，通过各种方式了解员工满意度，提高员工的文化素质、工作积极性，才能保证企业长远发展。

员工对企业绩效水平的影响范围十分广泛，不同企业员工的具体情况也是千差万别，不同岗位、不同职能、不同工种的员工的评价标准也各不相同。因此，企业绩效评价中对员工的评价只能从"宏观"的角度进行，具体包括员工平均创利能力、员工劳动生产率、员工素质状况、员工平均培训费用、员工满意度等。

(五) 社会、环境与资源评价指标

企业的存在和发展离不开社会与自然环境，企业不仅应该追求利润，还要时刻关注自己的社会责任。随着社会的发展进步，企业组织的目标更加趋于多元化，它不再是一个单纯的经济组织，还承担了相当多的社会责任。企业除了要实现它的经济目标之外，还必须向社会提供平等的就业机会，保障和提高职工的工作和生活质量，遵守国家的法规政策，保护资源和环境，关心公益事业，并把企业自身的经济目标和社会的发展规划以及国家的发展目标结合起来。

可操作性原则是目前企业、社会、环境与资源评价的难点，因为在可持续发展所涉及的经济、社会、环境、资源的协调关系中，经济活动对社会、环境、资源的影响存在大量不确定性，对社会、环境与资源具体影响的计量方法仍存在极大的困难和争论。因此，在构建企业绩效评价中的社会、环境与资源评价的相关指标时，要侧重采用与经济相关的、可计量的指标。针对评价体系的理论基础与可操作的特点，可以从企业对社会的贡献、对环境资源的影响等方面，选择关联度较大的指标作为评价企业整体绩效的一部分。

第四节 企业绩效评价的考核与控制

一、评价标准的确定

（一）评价标准的含义

评价标准就是对评价对象进行客观公正、科学评判的具体尺度。通过评价标准，可以将评价对象的好坏、强弱等特征转化为可以具体进行计算的度量。如果没有评价标准，也就没有了评价的参照，那么评价也就无从谈起。因此，评价标准是企业绩效评价体系的重要组成部分。

对于某项指标的具体评价标准，由于它是在一定前提条件下产生的，因此具有相对性。评价目的、范围和出发点的不同，因此都要求有相应的评价标准与之相适应。随着社会的不断进步、经济的不断发展，作为评判尺度的评价标准也将不断变化。从这个意义上来说，评价标准是相对的、发展的、变化的。

（二）评价标准的确定原则

1. 评价标准的种类

一般来说，企业绩效评价的评价标准主要有四类，即预算标准、历史标准、经验数据标准和行业标准。其中前两类标准是内部标准，着眼于与企业自身相比，后两类标准是外部标准，着眼于与客观现实相比。[1]

---

[1] 马艳:《企业绩效评价研究》，博士学位论文，长安大学，2016。

（1）预算标准

预算标准是指以事先制定的年度计划、预算和预期达到的目标作为标准。预算标准在绩效评价中的应用很广泛，如标准成本、预算净收益等。该标准如果制定得科学合理，那么激励效果比较明显。但该标准主观性较大，人为因素较多。

（2）历史标准

历史标准是指以企业历史年度的绩效状况作为衡量标准。以历史为标准最大的优点是数据可靠、容易取得，然而其缺陷也较明显，如缺乏企业间的可比性，多为企业自行测评使用等。

（3）经验数据标准

经验数据标准是指根据经济发展规律和长期的企业管理经验而产生的评价标准，如流动比率的国际公认标准为二，速动比率为一等。但经验数据标准只能提供一个大致的范围，并没有考虑不同国家、不同行业的差异，作为评价标准显然不合适。

（4）行业标准

行业标准是指以其他同类企业的绩效状况作为评价标准。它是以一定时期一定范围内的同类企业作为样本，采用一定的方法，对相关数据进行测算而得出的平均值，比经验数据标准更接近企业的实际情况，一个行业往往有相似的经营环境，具有较强的可比性。

2. 评价标准的确定原则

有效的企业绩效评价标准，一般应具备如下特征：①标准应具有挑战性；②标准经过努力应该可以实现；③标准应透明且广为人知；④标准最好是被评价者认可；⑤标准能量化则量化，不能量化则须具体明确；⑥标准应将刚性与弹性相结合，对客观因素是弹性的，而对主观因素则是刚性的。

为了使企业绩效评价标准具备上述特征，在确定企业绩效评价标准时应遵循下列基本原则：①标准应以客观绩效而不是主观判断为基础，在其基础上，应能进行评价和计划；②标准应能激起更高的绩效动机；③标准应能成为一种共同观念、共同语言和沟通工具。

二、评价指标权数的确定

评价指标权数又称指标权重，它是一个指标集合体中各个指标所占的比重，它的确定取决于指标所反映内容的重要性和指标本身信息的可信赖程度。指标权数是对评价内容重要程度的认定标志，具有重要的导向作用，权数大表明指标的影响或作用大。在指标体系一定的情况下，权重的变化直接影响评价结果，因此科学地确定指标权数在多指标评价体系中非常重要。

对企业绩效评价指标权数的确定，主要可采用德尔菲法（专家意见法）和相关性权重法，即可采用主观和客观两种办法。

（一）德尔菲法（专家意见法）

德尔菲法是 20 世纪 60 年代美国兰德公司和道格拉斯公司合作，研究出的一种通过有控制地反馈，有效收集专家意见的办法。

它克服了专家会议法的弊端，通过匿名和反复征求意见的形式，让专家充分发表看法，然后对这些看法进行归类统计。

用德尔菲法确定指标权数，是根据指标对评价结果的影响程度，由相关专家结合自身经验和分析判断来确定指标权数，通常是采取专家调查问卷的形式，对回收的问卷进行统计分类，然后将每个指标进行中位数和上下四分位数的运算，将运算结果再次征求专家意见，最后确定出各指标的权重。德尔菲法因其操作简便，反映了社会的普遍看法，容易被接受，所以应用也最为广泛。

（二）相关性权重法

相关性权重法是利用指标之间的相关性确定指标权重的一种方法。其方法是通过大量样本数据进行指标间的相关系数测算，根据相关系数确定指标的权重。比如，A 指标与 B 指标的相关系数大，即 A 指标的变动会引起 B 指标的剧烈变动，则我们赋予 A 指标较大的权重，相应赋予 B 指标较小的权重，因为 A 指标较大程度反映了 B 指标的信息。

三、计分方法的确定

有了评价指标和评价标准,还要采用一定的计分方法来对评价指标和评价标准进行实际运用,以取得公正的评价结果。没有科学、合理的计分方法,评价指标和评价标准就成了孤立的评价要素,从而也就失去了存在的意义。计分方法是企业绩效评价的具体手段,可以采用定性分析和定量分析相结合的方法,定量分析方法主要是对可计量指标进行分析,定性分析方法主要是针对不可计量指标进行分析。采用特定的评价方法,可以将评价指标与评价标准比较的结果以数值的形式表现出来,最终反映为对评价客体的综合性评判结果,从而便于利用。

绩效评价的计分方法主要是两种方式,一种是由评价人员凭借自己的学识和经验,根据评价对象在某一方面的表现,采用主观分析判断的方法确定评价指标达到的等级,再根据相应的等级参数和指标权数计算得分,也就是通常所说的综合分析判断法。二是由评价人员借助一定的计算模型、计算公式及统计学知识,运用一定的评价标准,对指标实际数据进行计算处理,得出相关指标的评价分数。

第八章　基于财务共享模式的企业财务会计内部控制

本章以 F 保险公司的财务共享中心为案例,基于 F 保险公司的财务共享中心的建设情况,分析其内控风险点,并结合 COSO 框架的五大要素,对其会计内控现状进行研究。

第一节　基于财务共享模式的企业财务会计内部控制关键内容分析

一、财务共享模式下会计内部控制主要问题

（一）内部环境存在的问题

1. 财务条线组织架构问题

F 保险公司财务共享中心没有单独运营,而是被规划为总公司财务条线中

的一个部门。在职能分工上,共享中心主要处理简单、重复度较高的会计任务,财务管理部负责预算、分析、税务等管理职能。这种组织架构较为简单,也便于总公司的直接掌控,但对于内部控制而言也存在着问题,具体表现在:①财务共享中心的业务模块相对单一,在各业务内容上还需与财务管理部产生大量的对接工作,无法充分发挥共享模式在人员、数据和系统方面的优势,影响了财务工作的整体效率;②这种职能划分导致下属机构在报销或核算等集中业务中遇到与预算或税务相关的问题时,存在不知道该向共享中心或财务管理部哪个部门咨询的现象,信息传递口径的不一致使集团下属的财务管理工作容易产生混乱;③部门设置上缺少专业的风险管理科室,岗位职能的设置也未体现相互制约与监督的功能,无法在组织架构层面及时有效地识别和控制风险。

2. 业务部门与财务部门分离问题

财务共享中心构建后,财务人员大部分为外招人员,而原总公司财务人员及下属机构调至共享中心的财务人员仅占中心作业人员的10.7%。虽然共享中心的财务工作人员均拥有相关的专业技能,但大部分人员与业务部门的接触机会非常有限,对于公司经营业务并不十分了解。而保险公司的展业方法和业务产品都具有自身的特点,以业务费用报销中的会议费为例,保险公司里有为提高业绩指标而举办推动会、启动会,有为扩大人力而举办的创说会、人力发展会,还有各条线举办的培训类会议等。会议明目多,分类较细,举办次数频繁,且涉及多个渠道。中心依照各会议性质和预算支出大类分了多个报销经济事项。如果财务人员对业务情况不了解,在审核时往往无法很好地区分会议性质,那么会导致支出大类的判断错误,进而影响报销附件要求的判断和会计科目的产生。同时,对业务情况的生疏也势必导致审核人员无法准确判断支出是否合理,不利于对费用支出范围的合理把控,甚至影响对费用真实性的判断。

除此之外,由于财务活动远离业务发生地,财务中心审核往往仅以业务人员扫描上传的附件为审核依据,而扫描件对于判断附件的真实与否具有一定的局限性。实际工作中就存在机构利用黑白扫描的缺陷篡改工具表进行报销的情况,而财务共享中心无法很好地发现此类问题,只能依赖事后检查。同时,还由于财务共享中心对当地供应商情况不了解,存在机构利用当地第三方虚假报销套取费用而被中心审核通过的情况。这些问题都是业财分离问题的具体表现。①

---

① 吕杰丽:《解析企业财务会计内部控制的优化创新》,《科技研究(理论版)》2022年第10期。

3. 中心人员管理问题

中心员工流失率上升和员工满意度下降的现象暴露了其在人员管理上的问题。一方面，高度简单重复的工作和严格的绩效考核，让财务人员产生倦怠甚至厌恶的情绪；另一方面，现共享中心的业务模块设置和工作内容也无法充分发挥其人力资源优势。中心成立之时选拔的第一批员工素质较高，这些员工由于长期从事简单重复的工作而担心自己的专业技能有所下降，因此决定跳槽，重新选择职业道路，直接导致共享平台的流失率升高。

（二）风险评估存在的问题

F保险公司在风险评估方面制定了较为系统风险管理体系，但在具体落实方面却不尽如人意。具体表现在：一是财务共享中心缺少负责会计内部控制风险管控的专人，并且总公司内控项目组也非固定部门，导致内控工作的稳定性难以保证，管理工作十分混乱；二是整理出来的经营风险报告缺少定量分析，人为主观影响因素较大，且较多流于形式，未对风险的评估和预警产生实际效果。不能对会计控制过程中的风险及时进行把握，有可能转化为公司的战略风险。

（三）控制活动存在的问题

1. 业务流程问题

业务流程上的问题主要分为下属机构至中心的工作流程问题和中心内部工作流程问题。

下属机构至中心的工作流程问题。以费用报销为例，由于F保险公司的子公司遍布全国各地，且保险公司均有成本费用化的业务特性，每天中心的费用报销单据约2000单，具有金额大、频次高的特点。报销流程又分为费用动支和费用报销。两者均是运用开发的影像系统，由机构初审扫描至审核系统，机构领导审核通过后至中心审核，中心审批通过后，动支单完成，报销单则提交至资金系统支付。这样的报销流程设置使得同一事项在流转的过程中均进行两次审批。一般而言报销审批时仅限于检查动支单的经济事项是否有误及报销附件是否齐全，不会就事项的真实性进行深究。因此，虽然动支和报销单据的双重审核在一定程度上对预防风险起到了作用，但在更多的情况下影响了审核的效率。尤其是在领导审核节点的设置，同一领导就同一事项多次反复审批影响了机构的财务工作效率，也常常因为个别领导的积压审批而导致单据审批超时，付款延迟。还有很多下属机构为了不影响机构退单率的考核，机构财务对所有单据仍进行初审，反而加重了机构财务的负担，与提升效率的初衷相违背。

中心内部工作流程问题。以费用报销为例，中心分为初审节点、复审节点和退单节点。单据进入中心后先由初审审核，初审通过后进入复审节点，复审通过后则单据通过；初审和复审有疑义的单据均委托至退单节点，退单节点审核后可选择单据通过或单据拒回。中心初、复审的节点设置主要为避免因个人审核问题而造成的错判误判。但各个节点的审核要求完全一致并无侧重点，这意味着同一单据最多可在中心被无差别地审核3次再被通过或拒回，这无疑因为流程的设置而给中心增加了任务量，影响整体的工作效率。

2. 信息系统问题

财务共享模式下，各类业务的处理对信息系统的依赖程度大幅上升，信息系统问题将直接影响会计任务的处理效率和会计信息的提供。而F保险公司财务共享中心的信息系统问题主要体现在以下几个方面。

一是，系统功能优化慢。随着共享模式上线时间的增长，各类业务模块也逐步完善，对于各系统功能的要求也不断增加。共享中心的后线支持部专门负责系统的维护与更新，不定时向信息部门提出系统需求并测试和上线新的功能。但由于信息部门的技术和人员限制，导致许多的功能需求上线缓慢，优化程序不断延迟，影响作业流程的优化和财务工作的处理效率。

二是，系统错误出现频繁。由于共享模式将全国的大量会计工作均集中至一个处室集中处理，共享中心每天都面临着巨大的作业量，这些任务处理量也是对信息系统的巨大挑战。F保险公司的处理系统常因为业务量的暴增而出现系统错误，导致共享中心作业处理停滞，严重影响会计工作效率。共享模式上线至今共出现因系统错误而停工的次数为13次，每次2~3小时恢复，每次停工影响的处理单据量约为500张。早在2017年11月，因系统错误导致核算系统产生会计科目错误，已产生的2100多笔分录均需重新录入，影响了当月的月结工作的及时完成。

三是，系统板块间的结转多。现F保险公司共享中心涉及工作的系统共4个。由于无法将所有功能集中在一个系统中，因此许多业务操作需运用多个系统才能完成。其中涉及的一些会计科目则需在多个系统中相互结转再生成最终的分录。以员工工资为例,工资发放需通过分公司统一报盘由共享中心审批再集中支付,涉及 BEP 报销和 BEP 手工核算及 ATP 支付系统,其中手工录入部分基本上为补充系统间结转的科目。原本总公司和分公司的往来科目较多,再加上这种系统间的频繁结转,对于初次接触的会计人员来说需要适应和学习的时间,同时也增大了出现会计错误的可能性。

(四)信息与沟通存在的问题

1. 对下属机构信息传递不及时

如上文所述,财务共享中心对下属机构下达制度、操作说明、通知等各类文件均通过财务共享公共邮箱发送至分公司邮箱,由分公司财务的相关负责人员学习整理并向中支机构传达。然而在实际过程中,许多分公司财务因在向下传递的过程中不及时或不作为,导致许多中支机构无法快速准确地获得总公司的最新规定。如 2017 年报销手册重新修改后,为弥补黑白扫描对于会议费用真实性判断的局限,提出了对会议费报销须在系统中添加会议现场彩色照片附件的要求。然而许多机构并未获得这一信息,导致大批机构的业务会议费单据因为缺少彩色照片而全数被退回。这无疑影响了机构的及时报销,也给中心增加许多不必要的工作量。

2. 内部沟通不足

由上述事件可以看出,F 保险公司共享中心没有对业务和财务人员的沟通起到积极的促进作用。一线机构的保险业务人员一般而言教育程度偏低,财务意识缺乏,对于中心的标准要求了解不准确,在与中心进行财务业务沟通时无法准确表达,而中心对于机构业务中发生的各类情况也缺少必要的知情与记录,从而影响了整体财务信息的沟通质量。

通过调查了解,中心内部遇到信息问题时,往往先联系业务部门相关负责人,再转接至具体业务人员。这种沟通方式效率低下,且大部分时间无法立即找到事项对接人员,造成了会计信息时效性的破坏,浪费了财务共享中心系统这一高效的资源。

与此同时,共享中心上下级之间的沟通也存在着一定障碍。例如,F 保险公司财务共享中心的员工平均年龄较小、工作经验不足,同时繁重的工作任务和相对分离的工作方式使得各员工间沟通也较少，上下级间沟通不够积极，大部分限于上级对于下级的工作任务布置和文件传达。这导致下级仅就影响工作进度的问题会向上级咨询请教，而对于可能发生风险的事项则缺乏沟通和交流，无法及时发现财务风险的存在。针对该项风险问题，F保险公司共享中心通过培训来提高中心员工的风险意识，但现实情况是，在培训能达到较好的效果前，部分员工就已经离开了公司，而部门只能重新对新员工进行培训，如此循环往复难以达到较好的控制效果。

（五）内部监督存在的问题

1. 监督力度不足

在对下属机构层面，F保险公司的会计内部控制制度已经相当健全，但现实情况是，在各大保险公司的一线业务机构中，普遍存在"重保费，轻内部控制"的问题，原因是为了维持业务增长，实施灵活机动的财务策略。这意味着财务共享中心更应积极发挥集中把控能力，加大监督力度，防范公司内部的各项不合规行为。但在F保险公司，各类制度建立后，总部财务部没有对每项制度的具体执行情况给予应有的重视。从各年的机构现场财务检查结果来看，几乎每一项检查指标都有少量机构违反或未达到公司制度规定的操作要求，主要原因在于牵涉到个人报销利益、变更长期工作习惯等。新规定在向机构推行过程中遇到各种困难，话语权较弱的机构财务部门常常无法正常执行，同时总公司也没有及时跟进监督执行情况、缺乏对机构的有力指导和培训。与此同时，对分支机构现场检查的频率仍然偏低，部分分公司三年才接受一次总公司的现场检查，因此一些隐藏较深的问题没有及时发现，也不能及时整改。

在共享中心内部层面，内部监督主要靠指标考核和质量监督岗的抽查。质量监督岗共有3名员工，对中心61名审核作业员工的任务审核情况进行检测。抽检概率规定为总任务量的10%，但由于人员不足，常常无法达到这个抽检概率，使得质量监督岗对整体质量的评估与保障起到的效果有限。另外，3名质量监督岗员工入职年限均不超过3年，对于错误单据的判断也存在一定程度上主观因素的制约，无法做到真正客观地反映共享工作的质量情况。

2. 内部考核方式不合理

根据上文描述的共享中心的考核指标的设定，F 保险公司财务共享中心对员工的绩效考核指标定为每月综合达成率达到 95% 即为达标。具体计算方法如下：

$$综合达成率 = 单量达成率 \times 50\% + 质量达成率 \times 50\%$$

（其中质量达成率 = 1 − 综合差错率；综合差错率 = 质检差错率 × 0.7 + 非质检差错率 × 0.3）。

每月按综合达成率进行排名评比，前 10 名有奖励，未达标者则无法参与本月的累计加班调休。

这种考核制度，表面上看既注重任务完成数量又注重任务完成质量。但在实际情况中，由于抽检比率较低，个人质量达成率的差别非常小，综合达成率的高低主要取决于单量达成率。因此，员工为赢得更多的奖励而宁愿牺牲质量达成率去完成更多的任务数量。这样的结果会让员工不愿意为遇到的问题进行沟通或思考，同时导致对很多审核风险的忽略甚至是视而不见。这种考核制度在单量大量积压时对促进中心工作效率上起到了一定效果，但从风险管理和内部控制的角度而言，不利于员工形成良好的工作态度，也不利于员工防范财务风险意识的形成。过于量化的考核指标还在一定程度上加重了共享中心财务人员对于重复性工作的厌倦情绪，进一步加重了人员管理问题。

二、财务共享模式下会计内部控制的问题原因分析

（一）财务岗位设置不够合理

财务共享中心建立和运行后，F 保险公司对财务条线的岗位设置重新进行了梳理。重新规划了原总公司财务部中资金管理处、费用报销处、核算处、综合管理处和财务管理处的部门职能和职位设置，同时调整了部分下属分、支公司的财务岗位。调整后的总公司财务部主要由财务共享中心和财务管理部构成，分别处理会计信息处理作业和财务管理工作。

这样的部门岗位设置，将会计基础核算工作和管理工作割裂开来，使得财

务共享中心的功能相对单一，无法发挥财务共享中心的人员和系统优势，也造成了共享中心内部人员发展机会少，上升通道单一的问题。与此同时，总是需要跨部门沟通和报送财务信息，不利于统一管理，易造成沟通不及时或信息传递失真。另外，现阶段的岗位职能设置未体现相互制约的效果，无法在组织架构层面起到财务监督的作用。

（二）财务人员管理不够重视

员工的高流失率一直是大部分财务共享中心都面临的问题之一。F 保险公司的财务共享中心也不例外。但中心领导并没有因此重视中心内部人员管理工作，主要表现在：①过于注重定量指标考核，缺乏对非量化指标如责任心、积极性、学习能力等方面的考察，无法客观公正地评价员工的表现。②注重员工使用而不注重员工培养，专业培训不足。一方面无法让员工通过培训具备更多的保险行业知识以更好地适应岗位要求，另一方面员工无法感受到部门工作带来的经验和知识的增长，导致员工重新选择职业道路。③内部沟通不足，尤其是非正式沟通，领导无法获得普通员工对工作的真实想法，无法及时有效地疏导员工工作中消极情绪，导致人员的流失。

（三）业务流程设计不够成熟

现阶段 F 保险公司财务共享中心的业务流程主要由原总公司财务部人员结合咨询公司的建议并参考已运行的其他共享中心模式设计而成。在保留了传统共享中心多个节点的设置的基础上，又考虑到自身组织架构和业务开展的具体情况，增加了多个 OA 审批过程。但由于中心建立发展时间较短，流程设计和信息 IT 人员数量和水平有限，虽然经过不断地改进和调整，仍然无法达到既满足内部控制的要求又能提高财务工作效率的效果。整体而言，业务流程不够简练流畅，操作不够便利，仍需继续改进。

（四）信息系统无法满足精细化管理需求

随着财务共享模式的不断发展，各类功能不断健全，对财务系统的要求也越来越高。目前 F 保险公司的财务共享系统仅能满足日常使用运行要求，而优化等待时间较长，运行效率不高，无法实现接口、数据、账务、报表集成处理的一体化，无法满足共享化财务处理工作精细化管理方面的要求。信息系统的不完善导致许多流程设计迟迟无法上线，影响业务流程优化。时常出现的系统错误还直接影响共享中心的工作效率。

（五）会计内控岗位作用未充分发挥

目前F保险公司财务共享中心除质量监督岗外，无其他内控监督岗位的设置，且对于总公司风险管理办法也没有专门的人员负责落实执行，不利于各项会计内部控制工作的顺利开展，无法做到有效地监督会计内部控制工作。随着偿二代体系的深入落实，为全面优化企业风险管理，面对进一步开放的保险市场环境和激烈的市场竞争，加强企业内部控制建设是公司稳健经营的必然选择。

第二节 基于财务共享模式的财务会计内部控制优化策略

一、组织架构优化

（一）优化部门设置，调整财务岗位

为进一步完善财务共享中心的功能设置和员工发展需求，应将更多的财务管理职能纳入共享中心的工作范畴中，建立健全相应的财务业务模块。同时，增加服务管理、绩效管理、质量监督等岗位，稳步扩展共享中心规模，建立完备的组织结构。

其中，共享中心的主要职能扩展为：费用支出管理、资金管理、资产管理、薪酬集中、财务核算和财务报告，并设立有后线支持中心和服务管理中心。后线支持中心除原有的系统支持和后援服务工作外,增加门户建设和移动终端管理的职责。服务管理中心则主要负责呼叫中心的管理以及员工绩效考核、中心的服务质量评价。另设有专门的内控评估小组,专门负责中心会计内部控制工作的有效性和财务风险的甄别、评估和防治。

这样的设置一是解决了财务共享中心职能单一的问题,更加丰富财务共享中心的建设内容,发挥财务共享中心的资源优势;二是提供了更多的岗位,解决了财务共享中心员工上升通道的问题。同时,供应商门户、呼叫服务中心等部门的建立,利于拉近与业务部门之间的距离,增强财务部门与业务发生部门之间的联系,也有利于解决业财分离问题对会计内部控制的影响。[①]

(二)促进决策、审批、执行和监督职能的分离

企业应明确决策、审批、执行、监督的职责权限,促进形成有效的职责分工和制衡机制,从管控关系上将决策、审批、执行和监督分离。一是,下属机构负责原始凭证的初审和纸质档案的保管,财务共享中心负责审批、支付和核算处理,将审批责任人和实际操作人员分离;二是,总部监督责任人与机构决策人、中心审批人要建立多重制约,加强财务监督,防止利用职务之便而造成的保费挪用等现象,同时增强财务共享中心的独立性和客观性。

二、人员管理优化

(一)优化绩效考核方式

良好的绩效评估系统可以有效解决人员工作效率问题和人员风险问题。财务共享中心需要结合自身的业务特点建立符合自身发展的绩效考核体系。通过建立有效的绩效考核机制,充分发挥员工的主观能动性,提高其工作技能水平和工作效率,节约单据处理时间、减少差错率,提升服务质量。

绩效评价标准的设计应与共享业务流程相结合,应真实可靠地反映员工的真实工作状况。具体应做到:①定量与定性指标相结合;②支持中心运营指标

[①] 侯慧玲:《浅析企业会计的财务管理及内部控制机制的创新》,《中国科技投资》2016年第36期。

的增长，满足服务水平协议的要求；③有长期发展性因素评价指标。

（二）改善人才培养机制

财务共享中心在人员发展上存在着工作重复性高、流动性强、职业发展前景不明等问题，长期来看，很容易挫伤员工的积极性，导致人力成本的浪费。为改善财务共享中心人力资源管理的问题，应该更加重视中心人才培养机制的建立。具体可做到以下几点：①加强落实"重视员工"的企业文化，让员工可以对财务共享中心产生责任感和归属感，认同中心的模式和目标。②为中心员工提供更明确的职业规划和更广阔的晋升渠道，提供岗位轮换的机会，鼓励员工走向后线运营或财务管理等管理岗位，积极向外部业务单位或部门输送优秀的骨干人才。这不仅有利于提高中心人员的整体素质，更是为企业提供了人才储备。③完善员工培训机制，注重培训的实质效果，在员工知识需求的基础上提供员工接受的培训课程。同时鼓励员工自主学习，不断加强专业技能和职业素养，不断深化业务知识的学习，提高中心人员的整体财务水平。

三、内部流程优化

内部流程优化主要是指对现有财务共享中心业务实施顺序和方式的完善或重新设计，既包括业务流程上的梳理，也包括 ERP 系统的改造。在具体优化方案中，重点在于做好各方面的协调工作，在互动的过程中有计划、有步骤地优化设计方案，对组织架构或权限的划分要适当结合技术手段。根据上文描述的业务流程中的常见问题，要逐步对分散、复杂的业务进行整合，充分考虑业务部门的需求，确保优化步骤能被各设计单位接受。

以财务共享中心最常见的业务报销流程为例，主要优化项目包括：①简化领导 OA 审批流程；②梳理中心审批流程。在领导审批流程中，建议同一事项不要经过同一领导的反复审批，同时开发移动终端的审批程序，方便随时随地登录审批系统，不耽误业务审批时间。至于中心审批流程，主要在于避免同一事项多次无差别地审核，建议按事项与金额大小区分审批程序，并区分各节点的审批重点，简化流程。

其中的主要控制点有以下几点：

一是，业务领导审核。业务领导在收到报销申请后，应首先根据影像系统扫描的单据影像审核发生事项是否真实、合理，报销理由是否充分，必要时可直接与报销人进行沟通。业务部门领导审批通过后方可进入财务报销程序。

二是，财务审核。财务人员获取报销资料后，首先，要确认发票是否真伪，确认无误后可进入报销环节。然后确认报销金额是否在机构对应的预算范围内，若有足够的计划金额则可审批通过；若预算金额不足则无法报销，需等待资金计划充足时重新提交。

三是，中心初审。财务共享中心的初审人员主要的审核点有发票金额是否正确、发票抬头是否准确，要求附件是否完整。若审核无误，则进入中心复审环节；若存在问题，则委托至退单岗退单。

四是，中心复审。财务共享中心的复审人员主要的审核点为费用支出是否符合总公司的费用支出标准、经济事项是否选择正确以及费用是否存在真实性问题。若审核无误，则审批通过进入支付及记账环节；若存在问题则委托至退单岗退单。

四、系统管理优化

信息系统优化主要目的是适应财务共享中心不断扩展的业务模块和大量的数据处理需求。这就要求缩短功能需求和系统维护周期。当业务模块或财务政策发生变动时，应错开月结或业务高峰期，避免因系统维护对中心作业产生的影响。同时增加信息程序编写人员，提高需求开发能力和效率，及时解决财务信息系统出现的问题，努力打造一体化平台。不断增强财务信息系统的处理功能，逐步将各系统和台账合并，实现同一平台上的各种板块业务操作以及凭证影像、基础数据的储存和传递，避免使用各系统间的不断切换和会计科目的结转。不断增强会计业务支持工作的力度和效率，保障财务一体化平台的高效运转，提升财务信息化、电子化管理水平。

五、监督体系优化

（一）重设自我评价部门

在原有质量监督岗的基础上，不断完善自我评价部门的设置。一是，增加质量监督岗的人员配备，增加监督内容，增强监督岗对中心内部人员工作评价的客观性和准确性。二是，设立专门的内控评估小组，根据总公司风险管理操作手册的内容对财务共享中心的内控风险做出评估，根据评估工作出具内控自我评价报告，负责推动财务共享服务中心的会计内部控制建设工作。这样使得财务共享中心的会计控制活动处于内部和外部的双重监督之下，风险识别、防范意识和能力将不断加强。

（二）完善财务检查工作

为完善财务共享模式下的财务检查工作，主要应做到：进一步加大非现场调研和现场检查力度。首先，财务工作现场检查应覆盖所有的分公司。近两年内每家分公司接受检查的频率不一致、基础作业品质存在差异，应在检查进场前针对每家分公司进行风险评估，单独制定检查计划、调整检查大纲，重点关注现金收付费、外勤人员收费、小金库等隐藏较深的高风险领域。其次，加强分支机构对公司制度执行情况的监督，除了现场检查措施以外，还应不定期实施外勤收费管理、机构款项支付流程、履约保证金核对、凭证影像管理等问题的非现场专项检查作为对监督制度执行情况的配套措施，尽可能通过向机构索取简单的扫描件等资料，从信息系统直接调取信息进行审核的方式，及时发现问题。

六、沟通机制优化

（一）促进信息共享

一方面，为改善业务人员对财务工作的理解情况，共享中心应加强财务知识的宣传和总公司财务政策的学习工作，在财务工作中尽量增强业务人员的可理解性和实用性，做到信息传达充分。另一方面，为提高共享中心财务信息的真实性和准确性，中心还应加强与业务发生地供应商、政府部门的联系和沟通，做到能根据凭证真实、完整、合法地进行业务的处理和反馈。对于外部信息，如供应商和工商、税务等部门的相关信息内容，可借助系统供应商管理平台和政府自助服务系统进行所需信息的查询，从而促进外部价值链信息的共享。

（二）完善沟通渠道建设

在外部沟通渠道上，现有的财务共享公共邮箱和咨询热线还应继续完善。一是增加沟通人员数量，以满足较大的咨询、投诉需求，保证沟通效率；二是对沟通内容做及时的整理和分析，将咨询较多的问题与所有下属机构进行反馈。除此之外，还应督促分公司做好文件宣导工作，将分公司的信息传达工作的完成情况作为一项考核内容。

在中心内部沟通渠道上，在正式沟通的基础上还应重视中心内部的非正式沟通，能及时发现并关注员工真实的工作态度和工作情绪，做到有效疏导。同时，鼓励员工提出工作中遇到的问题和对财务共享中心的建议，提倡有效的沟通。

在信息处理速度上，中心还应与各下属机构建立多样的、便捷的沟通渠道。在现有的基础上可以扩展移动终端渠道，如在手机上实现领导事项审批、公司信息查阅、指令发出等。

第九章　企业财务会计管理信息化与企业内部控制的构建模式

第一节　企业内部控制信息化与完善

本节以 S 公司为例详细阐述企业内部控制信息化与完善的策略。

一、企业内部控制的定义及目标

（一）企业内部控制的定义

我国对于内部控制的定义几经变迁。从 21 世纪初财政部颁布的《内部会计控制规范——基本规范（试行）》《内部会计控制规范——货币资金（试行）》《企业内部控制基本规范》等一系列具体规范，到上海证券交易所和深圳证券交易所分别发布的《上海证券交易所上市公司内部控制指引》和《深圳证券交易所上市公司内部控制指引》，直到内部控制规范体系的基本形成，对于内部控制的定义也经历了由无到有、范围逐步扩大的发展过程。最早的内部控制定义仅仅局限于会计控制，而现在的内部控制则是完整的内部控制概念。根据《企业内部控制基本规范》的解释，"内部控制是由企业董事会、监事会、经理层和全体员工实施的、旨在实现控制目标的过程"。对于这一定义,可从以下几个方面进行理解。

1. 内部控制是一种全员控制

内部控制是一种全员控制,即内部控制强调全员参与,人人有责。企业的各级管理层和全体员工都应当树立现代管理理念,强化风险意识,以主人翁的姿态积极参与内部控制的建立与实施,并主动承担相应的责任,而不是被动地遵守内部控制的相关规定。

值得注意的是,内部控制的"全员控制"与董事会、监事会和经理层在内部控制的建设和实施过程中的领导作用并不矛盾,领导者与普通员工仅仅是分工不同、权责大小不同,但都是内部控制的参与主体。具体而言,董事会负责内部控制的建立健全和有效实施;监事会对董事会建立和实施内部控制进行监督;经理层负责组织领导企业内部控制的日常运行,在内部控制中承担重要责任;企业所有员工都应在实现内部控制中承担相应职责并发挥积极作用。企业应当在董事会下设审计委员会,负责审查企业内部控制,监督内部控制的有效实施和内部控制自我评价情况。这就形成了上至董事会,下至全体员工全员参与的内部控制,克服了长期以来我国企业内部控制建设滞后、相关各方执行时权责不清、管理层和员工缺乏参与内部控制的责任与动力等问题。

2. 内部控制是一种全面控制

内部控制是一种全面控制,是指内部控制的覆盖范围要足够广泛,涵盖企业所有的业务和事项,包含每个层级和环节,而且还要体现多重控制目标的要求。内部控制本质上是对风险的管理与控制,所谓风险是指偏离控制目标的可能性。《企业内部控制基本规范》规定,内部控制的目标是合理保证企业经营管理合法合规、资产安全、财务报告及相关信息真实完整,提高经营效率和效果,促进企业实现发展战略。企业设计的内部控制活动和流程要充分防范和控制任何影响以上五个目标实现的风险(而不能仅仅局限于财务报告风险),并要为以上目标的实现提供合理保证。也就是说,内部控制不仅仅是一种防弊纠错的机制,还是一种经营管理方法、战略实施工具,是一种为实现多重目标而实施的全面控制。

应当特别说明的是,内部控制只能为控制目标的实现提供"合理保证",而不是"绝对保证",这是因为企业目标的实现除了受到企业自身因素的限制以外，还会受到外部环境的影响，而内部控制无法作用于外部环境；而且，内部控制本身也存在一定的局限性，使得其不可能为企业控制目标的实现提供"绝对保证"。[1]

3. 内部控制是一种全程控制

内部控制是一种全程控制，是指内部控制是一个完整的全过程控制体系。从时间顺序上看，内容控制包括事前控制、事中控制和事后控制；从内容上看，内部控制包括制度设计、制度执行与监督评价。它们环环相扣、逐步递进、彼此配合，共同构成了一个完整的内部控制体系。

内部控制的全程控制通常以流程为主要手段，包含流程的设计、执行和监督评价，但又不仅仅局限于流程。流程本身就包含着过程控制的思想，流程的设计是前提和基础，流程的实施是核心，对流程的监督是关键。流程设计的合理性通常直接影响整个内部控制工作的效率和效果。因此，企业要有效地实现全程控制，就必须优化与整合企业内部控制流程。企业进行的流程再造，也是基于全面控制，以提高运行效率的目的。如果说全面控制是从横向角度为企业实现控制目标搭起了一道无形的网，那么全程控制则是从纵向角度为企业防范和管理风险竖起了一堵牢固的墙。

以上是从不同角度对内部控制的理解。内部控制的定义在内部控制概念框架中处于基础地位，是内部控制目标、原则、要素等的理论依据和逻辑起点，也是企业设计和执行内部控制的最基本要求。只有真正做到了全员控制、全面控制和全程控制，内部控制的设计才不会出现盲点，内部控制的执行才会合理有效，内部控制的作用才能真正发挥。

（二）企业内部控制的目标

内部控制的目标即企业希望通过内部控制的设计和实施来取得的成效，主要表现为业绩的提高、财务报告信息质量的提高、违规行为发生率的降低等。确立控制目标并逐层分解目标是控制的开始，内部控制的所有方法、程序和措施无一不是围绕着目标而展开，如果没有了目标，内部控制就会失去方向。

《企业内部控制基本规范》规定，内部控制的目标是合理保证企业经营管

---

[1] 张倩倩：《企业会计的财务管理及内部控制研究》，《营销界》2022年第20期。

理合法合规、资产安全、财务报告及相关信息真实完整，提高经营效率和效果，促进企业实现发展战略。上述目标是一个完整的内部控制目标体系不可或缺的组成部分，然而，由于所处的控制层级不同，各个目标在整个目标体系中的地位和作用也存在着差异。

1. 合规目标

合规目标是指内部控制要合理保证企业在国家法律法规允许的范围内开展经营活动，严禁违法经营。企业的终极目标是生存、发展和获利，但是如果企业盲目追求利润，无视国家法律法规，必将为其违法行为付出巨大的代价。一旦被罚以重金或者被吊销营业执照，那么其失去的就不仅仅是利润，而是持续经营的基础。因此，合法合规是企业生存和发展的客观前提，是内部控制的基础性目标，是实现其他内控目标的保证。

内部控制作为存在于企业内部的一种制度安排，可以将法律法规的内在要求嵌入内部控制活动和业务流程之中，从基础的业务活动上将违法违规的风险降到最低限度，从而合理保证企业经营管理活动的合法性与合规性。

2. 资产安全目标

资产安全目标主要是为了防止资产损失。保护资产的安全与完整，是企业开展经营活动的基本要求。资产安全目标有两个层次：一是确保资产在使用价值上的完整性，主要是指防止货币资金和实物资产被挪用、转移、侵占、盗窃，防止无形资产被侵权、侵占等。二是确保资产在价值量上的完整性，主要是防止资产被低价出售，损害企业利益。同时要充分提高资产使用率，提升资产管理水平，防止资产价值出现减损。为了保障内部控制、实现资产安全目标，必须建立资产的记录、保管和盘点制度，确保记录、保管与盘点岗位的相互分离，并明确职责和权限范围。

为了实现合理保证资产安全的控制目标，企业需要广泛运用职责分离、分权牵制等体现制衡要求的控制措施。

3. 报告目标

报告目标是指内部控制要合理保证企业提供真实可靠的财务信息及其他信息。内部控制的重要控制活动之一是对财务报告的控制。财务报告及相关信息反映了企业的经营业绩以及企业的价值增值过程，揭示了企业的过去和现状，并可预测企业的未来发展，是投资者进行投资决策、债权人进行信贷决策、管理者进行管理决策以及相关经济主管部门制定政策和履行监管职责的重要依据。此外，财务报表及相关信息的真实披露还可以将企业诚信、负责的形象公之于众，有利于市场地位的稳固与提升以及企业未来价值的增长。从这个角度来看，报告目标的实现程度又会在一定程度上影响经营目标的实现程度。

要确保财务报告及相关信息的真实完整，一方面应按照企业会计准则的相关要求如实地核算经济业务、编制财务报告，满足会计信息的一般质量要求。另一方面则应通过内部控制制度的设计，包括不兼容职务分离、授权审批控制、日常信息核对等，来防止提供虚假会计信息。

4. 经营目标

提高经营的效率和效果（即有效性）是内部控制要达到的最直接也是最根本的目标。企业的根本目的在于获利，而企业能否获利通常取决于经营的效率和效果。企业所有的管理理念、制度和方法都应该围绕着提高经营的效率和效果来设计、运行，内部控制制度也不例外。内部控制的核心思想是相互制衡，而实现手段则是一系列详尽而复杂的流程，这似乎与提高效率的目标相悖，实则不然。内部控制是科学化的管理方法和业务流程，其本质是对于风险的管理和控制，它可以将对风险的防范落实到每个细节和环节当中，真正地做到防微杜渐，使企业可以在低风险的环境中稳健经营。而忽视内部控制的经营管理，貌似效率很高，实则处于高风险的经营环境，一旦不利事项发生，轻则对企业产生重创，重则导致企业衰亡。

良好的内部控制可以从以下四个方面来提高企业的经营效率和效果：①组织精简，权责划分明确，各部门之间、工作环节之间要密切配合，协调一致，充分发挥资源潜力，充分有效地使用资源，提高经营绩效。②优化与整合内部控制业务流程，避免出现控制点的交叉和冗余，也要防止出现内控盲点，要设计最优的内控流程并严格执行，最大限度地提高执行效率。③建立良好的信息和沟通体系，使会计信息以及其他方面的重要经济管理信息快速地在企业内部各个管理层次和业务系统之间有效地流动，提高管理层的经济决策和反应的效率。④建立有效的内部考核机制，对绩效的优劣进行科学的考核，可以实行企业对部门考核、部门对员工考核的多级考核机制，并将考核结果落实到奖惩机制中去，对部门和员工起到激励和促进的作用，提高工作的效率和效果。

5. 战略目标

促进企业实现发展战略是内部控制的最高目标，也是终极目标。战略与企业目标相关联，是管理者为实现企业价值最大化的根本目标而做出的一种反应和选择。如果说提高经营的效率和效果是从短期利益的角度定位的内部控制目标，那么促进企业实现发展战略则是从长远利益出发的内部控制目标。战略目标是总括性的长远目标，而经营目标则是战略目标的短期化与具体化，内部控制要促进企业实现发展战略，必须立足于经营目标，着力于经营效率和效果的提高。只有这样，才能提高企业核心竞争力，促进发展战略的实现。

要实现这一目标，首先，应由公司董事会或总经理办公会议制定总体战略目标，并通过股东代表大会表决，战略目标的制定要充分考虑外部环境和内部条件的变化，根据相应的变化适时予以调整，确保战略目标在风险容忍度之内。其次，应将战略目标按阶段和内容划分为具体的经营目标，确保各项经营活动围绕战略目标开展。再次，应依据既定的目标实施资源分配，使组织、人员、流程与基础结构相协调，以便促成战略实施。最后，应将目标作为主体从事活动的可计量的基准，围绕目标的实现程度和实现水平实行绩效考核。

二、内部控制信息化

（一）内部控制信息化的基本内涵

《企业内部控制应用指引第18号——信息系统》中认为："（内部控制）信息系统是指企业利用计算机和通信技术，对内部控制进行集成、转化和提升所形成的信息化管理平台。"由此可知，内部控制信息化是将内部控制信息系统从概念转变为实际可运行的动态过程，这一过程伴随着对内控制度的集成、转化与提升，最终实现运用信息系统执行企业内控制度的目的。

内部控制信息化的过程可以划分为两个阶段："首先要利用IT技术手段将企业的内控理念、制度、流程、措施固化到信息系统中，将信息系统转化和提升为一个集成了企业内部控制需求的信息化管理平台；然后运用信息化管理平台执行企业内部控制，这是一个长期的试行过程。"

通过对内部控制信息化概念的分析，可以看出，内部控制信息化建设离不开企业信息化建设，但同时又在企业信息化的基础上提出了更高的标准，要求将规范和制度引入企业的信息化建设中，强调系统基础数据的标准化建设、业务流程的合规性与合理性设计，同时系统规划必须与企业所处发展阶段的管理需求相适应，进而保证决策的真实性和可靠性。

（二）内部控制信息化的实施方式

内部控制信息化实施的方式大体上可以分为三类：自主研发、外购、外包，这三类方式分别有着不同的优势和劣势，企业应当结合实际情况，进行充分的评估，选择恰当的信息化方式。

1. 自主研发

自主研发指企业的IT技术人员根据企业的信息化需求进行系统的开发、运行与维护工作。

自主研发的优点：①研发人员熟悉企业基本情况，便于开发出满足企业信息化管理需求的系统；②有助于培养自己的开发团队，后期系统运行和维护工作易于开展。

自主研发的缺点：①内部研发人员技术的熟练度不够时，可能导致开发周期过长；②受制于研发人员的经验与技术水平，系统开发成功的概率相对较低。

自主研发的适用条件：适用于自主研发水平高、资金实力雄厚、有管理特殊需求而市场上缺乏相应的产品或解决方案的企业。

2. 外购

外购包含两种情形，一种是直接购买标准化产品进行参数配置后直接使用，另一种是企业自己的IT技术人员根据企业的信息化需求对购买回来的系统进行二次开发。

外购的优点：①不需要企业自己从零开始研发，因而建设周期短，且成功率高；②系统质量有保证，可靠性高；③有经验丰富的软件实施顾问帮助企业实现系统的运行与维护工作。

外购的缺点：①由于外购的产品通用性较强，因而在系统功能上可能无法满足企业个性化的管理需求，使用过程中会与企业的业务习惯存在较大差异；②企业无法自主决定何时对外购的系统进行升级或者优化，必须配合软件供应商的相关决策，因而随着企业的发展，系统与控制现状之间的不匹配性会逐渐凸显，阻碍系统的使用效果。

外购的适用条件：适用于特殊管理需求较少，且管理现状在较长时间内不会发生变化，同时市场上已有标准化的软件或实施方案可以满足其需求的企业。

3. 外包

外包指的是将信息化项目外包给专门的服务供应商，由第三方根据企业的信息化需求进行相关的开发工作。

外包的优点：①可以利用服务商的专业优势，设计出全面、高效满足企业个性化需求的系统；②不必培养、维持庞大的开发队伍，节约了人力资源成本。

外包的缺点：①由于服务商对企业基本情况了解较少，沟通成本高，且开发的信息系统可能与企业的期望产生较大偏差；②由于外包信息系统与系统开发方面的专业技能、职业道德和敬业精神存在密切关系，要求企业加大对外包项目的监督力度。

外包的适用条件：适用于市场上没有能够满足企业需求的成熟的商品化软件和解决方案，而自身技术力量薄弱或出于成本效益原则考虑不愿意维持庞大的开发队伍的企业。

三、S 公司内部控制信息化过程中的改进建议

（一）控制环境方面

1. 建立企业的核心价值观

S 公司自 2016 年成立以来发展迅速，技术团队成员不断壮大，但是，S 公司的管理层因公司规模还小，便在一定程度上忽视了对企业核心价值观的制定。核心价值观是一家企业的软实力，是员工行动的精神指南，优秀的价值观可以提升员工的归属感、自豪感和使命感，能够激发员工的潜力，提升员工的创造力以及工作效率，能够引导员工诚实守信，努力拼搏，为了实现共同的目标而一起努力。

S 公司现阶段人员数量不是很多，管理氛围相对轻松，员工与上下级之间

的交流也十分平等，这正是建立企业核心价值观的最佳时机。S公司的管理层应该把握这一阶段，明确符合公司长期发展的核心价值观。接下来，一方面，通过组织各种交流会、户外活动以及娱乐性质的比赛，并为这些活动设置恰当的主题或者奖励政策，在潜移默化中将企业的核心价值观逐渐地向员工传输，并获得员工对该价值观的认可；另一方面，在日常的经营决策过程中，多向员工征求意见，努力提升员工的归属感，提升员工的自豪感和使命感，进而实现对企业核心价值观的培养。同时，S公司管理的信息化转型对员工与管理层的诚信提出了更高的要求，S公司应当加强这方面的宣传，规范员工的行为。

2. 加强对员工胜任能力的考核

S公司应当制定对员工技能的要求，并且在招聘过程中严格按照标准进行筛选，择优录取。不能仅仅关注研发人员与财务人员的技能与潜力，而应当对所有岗位应聘人员的胜任能力进行评估。S公司若想要获得长远的发展，除了招聘优秀的研发人员为企业创造新的产品以外，还需要招聘有潜质的员工；也需要优秀的销售人员为企业开拓市场，挖掘潜在客户；更需要优秀的行政管理人员与财务人员协调企业的日常管理活动，及时发现并纠正管理上的错误，保证企业各个部门的相互配合。也就是说，S公司的管理层应该以更长远的眼光来考核所有部门人员的胜任能力。

3. 治理层多参与企业的经营管理活动

S公司现阶段的主要管理工作都由财务总监完成，其余高级管理层的精力主要在产品或技术研发与销售上，对公司的运营情况也不甚了解，其职位多数情况下形同虚设，短期来看，这样做对S公司没有什么损害，但是随着公司规模的扩大，S公司可能会出现财务总监的权力凌驾于总经理之上的情况，S公司的董事长与总经理应当及时意识到这种危机的可能性，多关注企业的经营状况，学习有关企业管理的知识，或者选择外聘职业经理人，对财务总监的权力进行制衡。

4. 转变经营理念与管理风格

S公司的管理层以前的工作岗位属于研发，工作重心也都放在科研上面，而不会去关注公司的效益、效率或者风险防范，但是现在作为S公司的高级管理层，必须尽快转变原来的工作理念，建立全局观，发挥管理层的作用，建立规范的制度，对不同岗位明确权责，保证不同部门之间的协调性，关注企业和员工的长期发展，以往随意的工作态度也必须转变，否则会上行下效，为员工树立不好的榜样，导致企业缺乏凝聚力。

除此以外，S公司的管理层应当为员工做表率，认真对待管理信息化的变革，抓住系统刚运行几个月的机会，亲自运用管理平台进行业务的发起，并对各项流程认真审批，表现出对此次变革的大力支持，提升员工对新的工作形式的接受度。

5. 建立符合企业发展的组织架构

S公司发展迅速，必然会促使公司的组织架构发生变化，这就要求S公司的管理层需要定期分析公司的管理需求，制定符合公司发展的组织架构，此外，由于S公司实现了信息化管理，应当增加负责信息系统维护的工作岗位，而不是将这一任务交给财务总监负责，这种过度集中的治理结构会架空管理层的话语权，为财务总监侵害公司的利益创造机会。如果S公司短期内由于资源有限，无法负担为维护系统而专设一个岗位的话，那么可以与信息系统开发公司签署合作关系，将系统的维护工作进行外包，并定期与外包公司进行交流，一方面，了解系统的管理状况；另一方面，聘请专业的需求分析师帮助企业完成对现有功能的改进或者拓展系统其余的管理功能。

6. 明确信息化环境下不同岗位的职权

S公司虽然在系统中设定了不同业务流程在不同情境下需要经过的审批环节，并将各个环节绑定至岗位，明确了不同岗位的审批权限。除此以外，S公司还应当制定不同情况下业务流程出现错误信息时的责任承担制度，这样可以保证各个审批人加强对审批环节的重视，进而做到认真审核并及时发现系统数据录入的错误信息，提升S公司此次信息化转型的效果。

7. 建立健全完善的人才管理闭环制度

S公司应当结合实际业务需求，针对不同岗位制定规范的人才招聘、绩效考核、培训以及退出制度，并建立每位员工的电子档案，达到可随时查询每位员工成长情况的效果。此外，S公司在实现了信息化管理后，应当加强对与信息系统相关的培训，向员工讲解系统的操作方式、注意事项，强调此次信息化转型的重要性，给员工传递规范操作的理念；并定期针对系统使用过程中新出现的问题或者员工经常有疑问的点进行专项培训。在系统使用后期，针对有调整的内容及时开展学习，保证员工尽快适应信息化的工作模式。

（二）风险评估方面

S公司在信息化环境下所面临的风险有复杂化、多样性的转变趋势，因此，S公司需要针对内外部环境以及信息系统本身建立有效的风险评估程序，并组建一支风险评估团队，该团队的成员可以由不同部门、不同岗位的员工共同组建，从而保证管理层能够及时、全面地了解不同业务可能面临的不同风险，并制定有针对性的措施，达到对风险发生前有效防范与发生时的快速应对。

S公司此次推行信息化管理的首要目的就是降低费用，尤其是差旅费和招待费及其他可报销的日常费用的支出，同时对员工向企业借款的行为进行控制，通过将制度与流程进行整合，引导员工规范填写，加强不同层级管理人员的审核效率，从源头杜绝借报销的理由侵害公司利益的行为。但是，S公司的管理层忽视了员工可能采取其他形式虚报费用来牟取私利的风险。例如，公司规定员工报销差旅费需要提供车票或者住宿发票作为凭据，但是可能存在员工通过特殊途径违法"购买"发票借此来套取住宿费用"差价"。面对这种内部舞弊的风险，就需要S公司的风险评估团队定期进行业务分析，制定相应的制度进行防范。例如，对于员工利用报销中饱私囊的行为，S公司可以指定一名行政人员专门负责对差旅申请单中填列的信息进行车票订购以及宾馆的预订，从源头上杜绝员工的这种行为。

此外，S公司还需要制定关于信息系统风险的应急方案，并对系统中的数据进行定期备份，从而避免公司由于信息系统以及服务器发生意外致使企业有价值的数据的丢失或者短暂地无法使用而引发的管理混乱。在对数据进行备份时，S公司可以利用购买的阿里云服务器提供的数据备份功能，规避风险，提升企业业务数据的安全性。同时定期对系统权限分配或者账号是否存在异常活动进行评估，以便及时识别系统中的漏洞并进行完善。

（三）控制活动方面

1. 加强对信息录入环节的控制

为了减少业务端输入错误数据时引发连锁反应，导致工作效率降低，引发员工对信息系统的抵触情绪，S公司应当加强对信息录入环节控制。首先，S公司应当针对各项业务人员进行不同流程操作方式的详细培训，确保员工在发起流程时了解各个字段的含义及应当注意的事项，减少流程被作废或者退回发起人的次数；同时，S公司应当建立流程发起人与直接上司之间的连带奖励或惩罚制度，保证业务发起人的直接部门负责人做到对表单信息的仔细核对。通过培训、明确奖罚制度与直接关系人的手段，可以达到提高录入信息正确率的效果，保证后续工作的顺利进行以及系统数据的真实准确程度。

除此以外，作为流程发起人，更容易发现系统的控制错误，例如发起一项报销流程，但是表单中的汇总金额未从部门预算中扣除，或者某张差旅申请单在被关联过一次报销流程后还可以继续被关联，这就应当及时向系统管理员进行反映，保证系统漏洞得到及时地修复，S公司也应该针对这种主动反映系统管理漏洞的行为制定奖励政策，激发员工的主动性。

2. 加强对系统安全的控制

S公司面临的控制活动相关的系统安全主要有权限配置不到位以及员工账号信息泄露两方面，而这两种威胁都可能导致S公司信息化建设的运行效果大打折扣。为了避免运行过程中的系统安全问题，S公司可以采取的措施有：对员工电脑进行一定时间内无操作自动锁屏的设置；联系软件开发公司，要求其对系统增加一定时间内无任何操作便会自动退出的功能。同时，为系统设置修改密码必须通过手机短信进行验证的控制措施，避免员工账号被人篡改后恶意盗取或删除企业信息的情况；推行计算机专人专用的管理制度，当系统发生问题时，可以直接确定责任人。加强对系统运行过程的监控以及不定期对系统操作日志进行检查，避免程序错误而产生的影响。除了以上的控制措施以外，S公司还可以借助宣传手段树立员工的系统安全意识，同时，应当及时对操作系统进行升级，并注重对操作人员素质的提升，提高员工主动维护系统安全的意识。

3. 建立与信息化环境相适应的业务流程

在分析控制环境中的组织架构时，提及S公司正处于飞速发展的阶段，必然会面临人事的不断变动以及组织架构微小但频繁地调整，同样地，公司的业务流程也可能需要进行相应的修改，部分审批节点需要精简，部分节点需要增加新的控制手段等，S公司应当从不同部门抽调员工组建一支流程组，该支流程组可以定期对现有的流程进行分析，看是否需要进行完善，也可根据业务流程的变化或者组织架构的调整不定期地进行沟通与探讨，帮助S公司建立与信息化管理方式相契合的业务流程，保证信息系统的及时更新与高效运转。

（四）信息与沟通方面

通过分析，了解到 S 公司的员工与员工之间、员工与管理层之间的沟通不存在太大的问题，存在问题的点主要是信息化后，公司虽然达到了对经营业务数据的全面收集，但是由于部分管理人员缺乏充足的管理经验，可能在面对烦琐的数据时不知该如何进行有效的分析，以获取最有用的信息，使得建设项目初期设想的通过多维度的业务分析节省费用支出全面提升企业的经营效益这一愿景无法顺利实施，而数据分析环节才是信息化建设最有价值的环节。

为了解决这一难题，S 公司的管理层需要主动学习如何对企业运营产生的各项数据进行多维度分析。这种学习可以有多种途径，例如公开的网络课程，参与管理信息化软件开发公司不定期举办的分享会，聘请专业人员针对企业管理层进行培训，或者选择考取相关的证书等，但是这种学习不应当仅仅作为一种宣传，而应当成为对管理人员的一项考核标准，督促员工不断学习企业管理方面的知识，提升企业员工的综合素质，发挥信息化建设的效用，促进企业的良性发展。

（五）内部监督方面

现阶段，S 公司虽然属于中小企业，所掌握的各类资源也十分有限，但这并不是公司缺乏内部监督制度的理由，好的监督制度就像人体的免疫器官，可以有效降低企业经营管理中的各种风险，及时发现错误，保证信息化管理的有效性。首先，考虑到 S 公司的现状，专门建立如上市公司那样的审计部门是没有必要的，公司可以组织核心的管理人员成立一个内部监督小组，定期或者不定期地对公司进行审查，以及时发现并纠正问题；其次，S 公司应当建立相应的奖惩机制，每次审查发现问题时，应当对相关责任人进行适当的惩罚，对表现优异的员工进行奖励；最后，S 公司还可以建立内部举报机制，通过内部人举报的形式遏制一些侵害企业利益行为的发生。但是，内部举报机制的建立一定要做好保密工作，维护检举揭发人员的信息安全，尽量避免因为举报而对该员工正常的考核与晋升机会产生不利影响。

第二节　大数据信息环境下的企业内部控制措施

在大数据时代，数据将成为企业的一项重要的资产，因此需要配备专门的人员进行数据的开发与维护。比如，如何管理数据（指数据的所有权、使用权），以便最大限度地发挥数据支持决策的作用。企业可以根据需要设置大数据部门，并且与其他部门相互关联。大数据部门提供企业内部存储的互联网、物联网等数据，对企业的发展机遇、战略定位、财务舞弊、违规行为、产品设计及营销方案等进行预测。大数据部门在分析与预测过程中，及时与其他部门进行沟通，讨论大数据应用方案，选择合适的数据挖掘方向，适时地调整企业的发展方向。大数据部门还可以通过记录员工的工作时间，完成任务的情况，工作效率，以及引入图像、音频等一些不可量化的标准来对员工进行考核。审计委员会用公司完备的信息系统建立员工工作行为的大数据，在评估员工合规行为的同时，还具备预测员工舞弊行为的功能。大数据部门作为一个重要的部门，需要有人进行监督与指导。此时要设置大数据专业委员会，大数据监察员是大数据专业委员会的成员，独立于大数据部门，大数据专业委员会隶属董事会，拥有信息的监督权和查阅权。

大数据时代下的企业内部控制需要搭建会计信息化平台，大数据与云服务的融合可以构建这样一个平台。大数据的出现和云计算的融合，使云服务出现在企业管理者的面前，云服务可以有效整合信息资源，为用户提供一个资源共享平台。销售、采购、决策等各个部门能够基于同一个云平台工作，保障各部门信息之间衔接无缝、实时畅通。

在提供便利的同时，还具有一些安全风险。大数据的出现使人们没有了隐私，企业也是如此，那么企业的信息安全将成为我们关注的问题。电子数据在虚拟的网络世界中，没有严密的防火墙，容易受到外界侵入，重要信息数据被窃取。在大数据时代下，会计的工作内容增加，信息化方式提升，各种数据都与计算机系统联系，一旦系统瘫痪，势必影响企业的内部控制工作的运行。加之企业的信息存储在磁盘中，如果管理不善，很容易导致消磁，造成信息的损毁，如果员工没有及时备份的习惯，很容易造成信息的丢失。

传统企业的预算都是实行自上而下的传达和自下而上的预算审批，这种预算实施时效性差，大数据构建了信息集成与共享的平台，通过平台上传下达一年的预算目标，并结合收集的广泛的数据来源确定预算编制政策。建立企业预算管理数据科，是大数据部门的一个组成部分，可以对企业内外部数据构成的海量数据进行分布式处理与多维分析，对纵向的企业历史数据和横向的相关行业数据进行整合分析，从而使集团企业的预算管理功能向战略管理和决策辅助方向拓展。预算管理数据科同样具有实时更新的动态性，可以使预算的编制和分析不再局限于事后，而是向事前、事中和事后的全过程转变，通过战略绩效的一体化，以结果导向保证预算的执行和控制。①

尤其是在国有大中型企业，更应该利用大数据带来的便利。现在的反腐力度非常大，许多企业的预算都只能专款专用，企业没有对预算做好合理的计划，平时对这些预算不敢轻易动用，导致年底时大量预算没有使用，迫使企业想方设法地"花完"预算。最终导致这部分预算的价值没有得到真正发挥。比如员工培训，很多国有企业，到年底时发现还存在大量对员工培训这部分经费，于是"拼命"地培训。这时我们运用大数据，分析以往年度的花费的情况，集中在哪些区域。再将新增加的一些预算做进去，对预算进行合理的划分，能够使预算真正利用起来。

大数据将非结构数据引入报表分析中，使得企业将定性指标可以量化的设想成为可能，便于通过数据进行沟通。为了将非结构数据更加具体化，企业可以建立一种企业信息管理机制，该机制涵盖了促进企业发展的各个方面的因素，除了包括公司的财务数据之外，还是一种群体智慧的结晶。企业利益的相关者有政府、投资者、股东、供应商合作伙伴等，可以将这些利益相关者对企业的反映纳入体系当中。不仅是互联网线上的相关行为，还包括线下人们和企业的接触而产生的对企业的印象，这些反映由于人们在社会网络中角色的不同，涵盖了诸如顾客对产品的满意度、投资方的态度、政策导向等各种可能的情况。所有这些信息通过线下向互联网映射，在互联网中通过相互交叉作用，由这些相关者的情绪形成了相关企业的网络舆情。

---

① 贺媛：《企业会计的财务管理及内部控制的思考》，《首席财务官》2021 年第 21 期。

这些情绪可以分为积极情绪、中性情绪和消极情绪。然后对这些网络舆情进行加工处理，进行量化，翻译成能看懂的文字语言。这些不同的情绪经过网络上交互过程中的聚集、排斥和融合作用，最后会产生集体智慧，从而帮助企业管理层了解现有的危机，发现舞弊的可能及时预防。大数据将成为企业管理的工具，让其明确努力的方向。

在大数据时代，由于信息的易得性，使得所需要的全部数据可以较容易地得到，利用数据仪表盘等可视化工具，可以对企业的数据实现实时、全面监控。让企业管理者及时了解企业内部各个部门的工作状态和运营状况。但另一方面数据规模的扩大必然会产生大量无用信息，数据质量会有所下降。大数据背景下，非结构化数据的比例增加，会计信息结构日益复杂。会计信息中的非结构化数据能够反映企业财务状况以外的信息，如企业的企业文化、员工工作积极性等信息。企业能够全面分析的同时，也导致会计信息的精准性降低，发生非系统性错误或造假的可能性上升。这给会计监督带来了新的挑战，会计信息的数量增加，结构日趋复杂，信息类型也不再单一，会计监督工作中传统的统一的信息判断标准开始失效，需要对会计信息的质量标准提出新的要求，会计监督工作需要在信息的数量与精确性之间找到有效平衡。

那么大数据部门就要发挥作用，企业在进行内部监督时，要特别关注财务报告表内和表外的非结构化数据，非结构化数据的来源渠道各异、数据格式不一，对于非结构化数据的监督要在统一原则的基础上做到具体问题具体分析，针对不同数据的特点进行不同形式的监督和判断。只有顺应了时代潮流的发展，企业才能变大变强，才能在竞争中取胜。因此，笔者认为需要设置大数据部门，加强对预算的控制，拓展信息来源的渠道，发挥大数据部门的监督作用。

一、不相容职务分离控制

（一）不相容职务分离控制的基本要求

不相容职务是指那些如果由一个人担任既可能发生错误和舞弊行为，又可能掩盖其错误和舞弊行为的职务。不相容职务通常是指授权批准、业务经办、会计记录、财产保管、稽核检查等职务。其主要内容包括：授权批准与业务经办、业务经办与会计记录、会计记录与财产保管、业务经办与稽核检查、授权批准与监督检查等。企业应当根据各项经济业务与事项的流程和特点，系统、完整地分析、梳理执行该经济业务与事项涉及的不相容职务，并结合岗位职责分工采取分离措施。有条件的企业，可以借助计算机信息技术系统，通过权限设定等方式自动实现不相容职务的相互分离。

不相容职务分离控制要求企业全面系统地分析、梳理业务流程中涉及的不相容职务，实施相应的分离措施，形成各司其职、各负其责、相互制约的工作机制。

对于不相容的职务，如果不实行相互分离的措施，就容易发生舞弊等行为。例如，物资采购业务，批准进行采购与直接办理采购即属于不相容的职务，如果这两个职务由同一个人担当，即出现该员工既有权决定采购什么，采购多少，又可以决定采购价格、采购时间等情况，没有其他岗位或人员的监督制约，就容易发生舞弊行为。又如，一个会计人员既保管支票印章，又负责签发支票，或者既记录支票登记簿，又登记银行存款日记账，或者既负责编制会计凭证，又负责企业与银行之间账目的审核与对账等工作，如此种种，就完全不符合不相容职务相互分离的控制原则，很有可能会导致舞弊行为的发生。

（二）不相容职务分离的核心要求

不相容职务分离的核心是"内部牵制"，因此，企业在设计、建立内部控制制度时，首先应确定哪些岗位和职务是不相容的，其次要明确规定各个机构和岗位的职责权限，使不相容岗位和职务之间能够相互监督、相互制约，形成有效的制衡机制。

不相容职务分离控制实质上是编辑策划控制在会计内部控制中的应用。职责分工控制要求根据企业目的和职能任务，按照科学、精简、高效的原则，合理设置职能部门和工作岗位，明确各部门、各岗位的职责权限，形成各司其职、各负其责、便于考核、相互制约的工作机制。

企业应当结合岗位特点和重要程度，建立规范的岗位轮换制度，防范并及时发现岗位职责履行过程中可能存在的重要风险，以强化职责分工控制的有效性。例如，企业应当明确财务等关键岗位员工轮岗的期限和有关要求。

由于不相容职务指那些如果由一个人担任既可能发生错误和舞弊，又可能掩盖其错误和舞弊行为的职务，所以内控制度强调要实行职务分离控制。为了增加舞弊发现概率，内控制度还强调关键岗位应建立强制轮换制度，这也是很重要的。由于领导、员工离岗时的工作交接会受到他人监督，那么其实施并掩盖舞弊的机会将大大减少，现实中有不少挪用或贪污等舞弊现象都是在工作交接时被发现的。如美国货币管理局要求全美的银行雇员每年休假一周，在雇员休假期间，安排其他人员接替他的工作，其意图就是防止舞弊和发现雇员可能存在的舞弊行为。在休假期间工作由别人暂时接替，则舞弊被发现的概率会大大增加，相应地，员工舞弊的动机则会大大减弱。因此，对我国企业来说，非常有必要对财务岗位、领导岗位建立强制轮换或带薪休假制度。

当然，职务分离和岗位轮换制度都是为了加强内部牵制，但不能因此而片面地理解内部控制就是内部牵制。事实上，内部牵制是内部控制的最初发展形式，内部牵制确实还是现代企业、社会组织进行内部控制的重要方法和原则之一，是组织机构控制、职务分离控制的基础。但是，现代企业的内部控制不仅仅是内部牵制，还包括预算控制、资产保护控制、人员素质控制、风险控制、内部报告控制、电子信息系统控制、内部审计控制等，而这些都不是内部牵制所能涵盖的。

（三）不相容职务检查的主要内容

基于不相容职务分离的原则，企业在组织机构设置中，应考虑设计自动检查和平衡的功能，其检查要求如下。

每类经济业务的发生与完成，不论是简单的还是复杂的，必须经过两个或两个以上的部门或人员，并保证业务循环中的有关部门和有关人员之间进行检查与核对。如果企业没有适当的职务分离，则发生错误和舞弊的可能性更大。例如，一项支票业务的签发必须经过不同的部门或人员，如支票申领人、签发支票人、支票核对人、支票盖章人、支票记录人等，并保证该业务循环中有关部门之间相互进行检查与制约。实践证明，对以下五种职务的分工进行监督检查，有利于随时发现各种错误。一是，授权批准职务与执行业务职务相分离；二是，执行业务职务与监督审核职务相分离；三是，执行业务职务与会计记录职务相分离；四是，财产保管职务与会计记录职务相分离；五是，执行业务职务与财产保管职务相分离。例如，在企业的某项资产管理中，资产的保管、资产的记录、资产的保管与记录之间核对检查，由于是不相容职务，因此应当实行分离。当然，不相容职务分离这项控制需要各个职务分离的员工各守其责，如果担任不相容职务的职工之间相互串通勾结，则不相容职务分离的作用会消失。总之，对一项经济业务处理的全过程检查应注意其各个步骤是否分派给不同的部门和人员来负责，用以防止一人包办到底的情况发生。

在每项经济业务检查中，检查者不应从属于被检查者领导，以保证检查出的问题不被掩盖，以及时得到纠正。例如，保管材料的仓库保管员在没有及时取得符合质量和数量要求的材料时，可能向上级领导反映，以便引起管理部门的重视；如果其上级是采购员，则反映结果往往会引起采购员的不满甚至抵触。同样，如果销售经理的上级是主管制造的副总经理，则销售经理将产品质量问题向上反映时，往往会被其上级所掩饰。

权力与职责应当明确地授予具体的部门和人员，并尽可能给予有关部门与人员一定的自主权，以便为组织内部的全部经济活动的各个岗位规定明确的经济责任。这种权力与职责通常应当以书面文件的形式加以规定。如果有责无权，内部控制的职责就会无法落实，这种情形应当及时发现，及时纠正。

（四）不相容职务分离控制的主要目的

职务分离控制是指对处理某种经济业务所涉及的职责分派给不同的人员，使每个人的工作都是对其他有关人员的工作的一种自动检查。职务分离的主要目的是预防和及时发现职工在履行职责过程中产生错误和舞弊行为。

从控制的观点看，如果一位负有多项责任的人员在其正常的工作中发生错误或舞弊，并且内部控制制度又难以发现，那么就可以肯定他所兼任的职务是不相容的。对于不相容职务必须进行分离，包括在组织机构之间的分离和组织机构内部有关人员之间的分离。为此，职务分离控制要求做到：①任何业务尤其是货币资金收支业务的全过程，不能由某一个岗位或某一个人包办。②经济业务的责任转移环节不能由某一个岗位单独办理。③某一岗位履行职责情况绝不能由其自己说了算。④财务等重要权力的行使必须接受定期独立的审查等。

二、大数据信息环境下授权审批控制

（一）授权批准控制的基本要求

授权是指授予对某一大类业务或某项具体业务的决策做出决定的权力，通常包括常规授权（一般授权）和特别授权两种方式。

授权批准是指单位在办理各项经济业务时，必须经过规定授权批准的程序。

授权审批控制要求企业根据常规授权和特别授权的规定，明确各岗位办理业务和事项的权限范围、审批程序和相应责任等内容。

授权控制在日常工作中主要表现为审核批准控制，即要求企业各部门、各岗位按照规定的授权和程序，对相关经济业务和事项的真实性、合规性、合理性以及有关资料的完整性进行复核与审查，通过签署意见并签字或者签章，做出批准、不予批准或者做其他处理的决定。为此，企业应当编制常规授权权限指引，规范特别授权范围、权限、程序和责任，严格控制权。企业各级管理人员应当在授权范围内行使职权和承担责任。

（二）授权批准的形式

授权批准形式通常有常规授权和特别授权之分。

1. 常规授权

常规授权（又称一般授权）是指企业在日常经营管理活动中按照既定的职责和程序进行的授权。

常规授权是对办理常规性经济业务的权力、条件和有关责任者做出的规定。如企业对各职能部门权限范围和职责的规定属于常规授权。常规授权过大，则风险不易控制；过小，则效率降低。常规授权适用于经常发生的数额较大的交易，如赊销时的价格表与信用额度等，其时效性一般较长。企业可以根据常规性授权编制权限指引并以适当形式予以公布，提高权限的透明度，加强对权限行使的监督和管理。

常规授权通常是在对该业务管理人员任命的时候确定，在管理部门中也采用岗位责任制或管理文件的授权形式认定，或在经济业务中以规定其办理条件、办理范围的形式予以反映的。例如会计部门规定某人负责支票的审核与相关政策，那么当符合支票签发政策的部门和人员申请支票时，该人员就可按这些政策的规定授权办理支票审核业务。

2. 特别授权

特别授权是指企业在特殊情况、特定条件下进行的授权。特别授权适用于管理当局认为个别交易必须经批准的情况，对于对外投资、资产处置、资金调度、资产重组、收购兼并；担保抵押、财务承诺、关联交易等重要经济业务事项的决策权，以及超过一般授权的常规交易都需要特殊授权。这种授权只涉及特定的经济业务处理的具体条件及有关具体人员，且应保持在较高管理层手中。

特别授权是一种临时性授权，是企业在特殊情况、特定条件下进行的应急性授权。与一般授权不同，特殊授权只涉及特定经济业务处理的具体条件及有关具体人员。例如，上述负责支票审核的某会计人员，在审核应该开具的支票时，发现金额高达数百万元，额度远远超过某会计人员甚至是会计部门的权限，对于这笔支票审核业务，必须作为特殊授权才能办理。可见，这样的授权时效较短，有的还需一事一议。企业应当关注对临时性授权的管理，规范临时性授权的范围、权限、程序、责任和相关的记录措施。有条件的企业，可以采用远程办公等方式逐步减少临时性授权。

和常规授权相比，特别授权往往是指对办理例外的、非常规性事件的权利、条件和责任的特殊规定，比如，非经常的、重大的、长期性的筹资行为和投资决策等；而日常的、短期性的、经营性的行为属于常规授权的范围。

企业对于重大的业务和事项（尤其是企业对于金额重大、重要性高、技术性强、影响范围广的经济业务与事项），应当实行集体决策审批或者联签制度，任何个人不得单独进行决策或者擅自改变集体决策。

（三）授权批准体系

一个完善的授权批准体系包括以下几个方面。

1. 授权批准的范围

企业所有的经营活动一般都应当纳入授权批准的范围，以便全面预算与全面控制。授权批准的范围不仅包括控制各种业务的预算（计划）制定情况，还要就办理手续对相关人员进行授权,同时,对业务的业绩报告也要授权有关人员反映和考核。

2. 授权层次

授权应当是有层次的、区别不同情况的。根据经济活动的重要性和金额大小确定不同的授权批准层次,有利于保证各管理层和有关人员有权有责。授权批准在层次上应当考虑连续性,要将可能发生的情况全面纳入授权批准体系,避免出现真空地带。当然,应当允许根据具体情况的变化,不断对有关制度进行修正,适当调整授权层次。新出现的业务,要配上相应的规定;金额规模发生变动的,要修改原有的层次界定。

3. 授权责任

被授权者应明确在履行权力时对哪些方面负责,避免授权责任不清,一旦出现问题又难辞其咎的情况发生。

以差旅费报销业务为例,应对部门权限范围和职责做出相应的规定。此项业务一般会涉及以下三个部门与相关的人员:报销人员与所在部门负责人应对报销事项的真实性负责;审核的部门与人员应核定费用报销的相关标准;会计部门审核有关凭证的合法性、完整性,对符合条件的情形予以报销。

4. 授权批准程序

企业的经济业务既涉及企业与外单位之间资产与劳务的交换,也包括企业内部资产和劳务的转移和使用。因此,每类经济业务都会有一系列内部相互联系的流转程序。所以,企业应当规定清楚每一类经济业务的审批程序,以便按程序办理审批,避免发生越级和违规审批的情况。

(四)授权批准管理要求

任何一个企业的授权控制应努力达到以下几个方面的要求:①企业所有人员不经合法授权,不能行使相应权力,这是最起码的要求。不经合法授权,任何人不能审批;有权授权的人则应在规定的权限范围内行事,不得越权授权。包括股东(大)会对董事会的授权原则、授权内容也应当在企业章程中做出明确、具体的规定。②企业的所有业务未经授权不能执行。企业内部的各级管理层必须在授权范围内行使职权和承担责任,经办人员也必须在授权范围内办理业务。③对于超越审批人授权范围的审批业务,经办人员有权拒绝办理,但应及时向审批人的上级授权部门报告。

（五）授权批准检查制度

通过必要的检查程序来确保每类经济业务授权批准的工作质量是很重要的。其主要方法如下。

1. 检查凭证和文件

经济业务发生和完成时，通常要编制、审核一系列凭证或文件，这些凭证文件（尤其是定量的标准与签章等记录）是授权批准的执行证据，通过审查可反映授权批准手续的执行程度。例如，核对购货发票和采购订单，以检查采购业务是否符合授权标准、价格是否合理、货款支付方式是否正确。如果购货发票上的数量、金额与定购单不一致，货款支付仅以购货发票为依据时，则说明在采购和货款支付的授权批准程序上存在失控情况。

2. 现场观察

观察授权批准的工作现场有助于判断授权批准的工作质量。例如，某企业规定购货时经电话询问取得三种报价后才可发出订单，只有通过现场观察才能了解查明经办人员是否执行上述授权批准条件。

三、大数据信息环境下会计系统控制

（一）会计系统控制的基本要求

会计作为一个信息系统，对内能够向管理层提供经营管理的诸多信息，对外可以向投资者、债权人等提供用于投资等决策的信息。

会计系统控制要求企业严格执行会计准则或会计制度，加强会计基础工作，明确会计凭证、会计账簿和财务会计报告的处理程序，规范会计政策的选用标准和审批程序，建立并完善会计档案保管和会计工作交接办法，实行会计人员岗位责任制，充分发挥会计的监督职能，保证会计资料的真实完整。

企业应当依法设置会计机构，配备会计从业人员。从事会计工作的人员，必须取得会计从业资格证书，会计机构负责人应当具备会计师以上专业技术职务资格。大中型企业应当设置总会计师，设置总会计师的企业，不得设置与其职权重叠的副职。

会计系统控制主要是通过对会计主体所发生的各项能用货币计量的经济业务进行确认、计量、记录、报告所实施的控制。从日常会计核算工作的内容来看，主要包括以下几个方面：①建立会计工作的岗位责任制，对会计人员进行科学合理的分工，使之相互监督和制约；②按照规定取得和填制原始凭证；③设计良好的凭证格式；④对凭证进行连续编号；⑤规定合理的凭证传递程序；⑥明确凭证的装订和保管手续责任；⑦合理设置账户，登记会计账簿，进行复式记账；⑧按照《会计法》和国家统一的会计制度的要求编制、报送、保管财务会计报告等。

（二）会计记录控制

会计记录控制是会计系统控制中的重要方法之一，其主要内容有以下五种。

1. 凭证编号

凭证编号是企业常用的控制方法。它可以控制企业签发的凭证数量，以及相应的交易涉及的其他文件，如支票、发票、订单、存货收发证明的使用情况，便于查询，避免重复、遗漏，更重要的是，编号的连续性在一定程度上可以减少抽取发票、截取银行收款凭证等进行贪污舞弊的可能性。

2. 复式记账

复式记账能够将企业的经济业务按其来龙去脉，相互联系地、全面地记入有关账户，使各账户完整地、系统地反映各会计要素具体内容的增减变动情况及其结果。通过复式记账与借贷平衡，有利于保证会计账面记录无误，从而保证会计信息正确完整。

3. 统一会计科目

企业应根据会计准则规范要求和经营管理的实际需要，统一设定会计科目，特别是集团性公司更有必要统一下级公司的会计明细科目，以便统一口径、统一核算、有效分析。企业可以列一张有全部会计科目的清单，一般包括会计科目编号、名称、级别、类别等几个方面，并附有每个账户的内容说明。对于会计准则尚未统一规定的明细科目，企业可以自行设定。

4. 会计政策

企业制定会计政策应当符合会计准则的规范要求，也应当从企业内部控制及管理要求出发，编制一份专门的会计政策文件，让有关人员知晓，必要时也可在整个集团（包括各子公司）统一某些会计政策，以便于汇总管理和考核。这样统一会计处理，也可以减少错误的可能性。

5. 结账程序

结账是一项将账簿记录定期结算清楚的账务处理工作，包括对收入、费用的结算，以揭示当年的经营活动成果，还包括对资产、负债、所有者权益的结算，结出其期末余额以便下期结转。

企业可运用流程图（网络图）来设计结账的工作步骤、内容、完工时间、有关责任人，以保证结账工作顺利进行。控制结账程序能够保证企业会计处理的及时完成，并且能及时发现错误并加以改正。还可以运用流程图来确定内部会计控制的流程、凭证的传递与关键控制点等。随着网络技术的推广，一些企业将某一经济业务的会计处理进行到哪个部门，到哪个人员手中，动态地反映在局域网上，时刻加以监控，以保证结账程序能够顺利完成。

流程图由一定符号组成，是反映企业业务中的不同部门与不同职位间的相互关系的图表。它既是企业管理的有效工具，也是评价内部控制的重要手段。

（三）内部会计控制规范

内部会计控制是指单位为了提高会计信息质量，保护资产的安全、完整，确保有关法律、法规和规章制度的贯彻执行等而制定和实施的一系列控制方法、措施和程序。

内部会计控制是整个企业内部控制系统中的一个十分重要的、不可或缺的子系统。也可以这样认为，内部会计控制是企业内部控制的核心。随着市场经济的深入发展，控制在管理中的重要性程度正在不断提高，内部会计控制的重要性也会被越来越多的人认识。企业管理越加强，内部会计控制越重要。

有人认为，内部控制就是内部会计控制。其实，这是一种误解。将内部控制等同于内部会计控制是不全面的。因为内部控制不仅仅涉及会计，还贯穿于整个企业的生产经营管理全过程，企业应当针对采购、生产经营、销售、财务管理、研究开发、人力资源等各方面全面地制定内部控制制度。内部控制至少可以划分为内部会计控制和内部管理控制。这种划分思想在审计界产生了广泛的影响，促成了当时基础审计制度的产生。内部会计控制和内部管理控制是相互联系、难以分割清楚的，严格分清各项控制究竟是内部会计控制还是内部管理控制，并无多大实际意义。

（四）内部会计控制分类与主要内容

内部会计控制的内容应当涵盖企业财务会计管理的全过程，它是企业内部会计控制的主体与核心，规定了企业应对哪些经济活动和环节进行控制。按照财政部《内部会计控制规范——基本规范（试行）》的规定，企业内部会计控制主要包括以下九个方面的内容。

1. 货币资金控制

办理货币、资金业务的不相容岗位应当分离，相关机构和人员应当相互制约，确保货币资金的安全。审批人应当根据货币资金授权批准制定的规定，在授权范围内进行审批，不得超越审批权限。经办人应当在职责范围内，按照审批人的批准意见办理货币资金业务。对于审批人超越授权范围审批的货币资金业务，经办人员有权拒绝办理，并及时向审批人的上级授权部门报告。企业应当按照支付申请、支付审批、支付复核、办理支付等规定的程序办理货币资金支付业务。

2. 实物资产控制

企业应当建立实物资产管理的岗位责任制度，对实物资产的验收入库、领用、发出、盘点、保管及处置等关键环节进行控制，防止各种实物资产被盗、毁损和流失。

3. 对外投资控制

企业应当建立规范的对外投资决策机制和程序。通过实行重大投资决策集体审议联签等责任制度，加强投资项目立项、评估、决策、实施、投资处置等环节的会计控制，严格控制投资风险。

4. 工程项目控制

企业应当建立规范的工程项目决策程序，明确相关机构和人员的职责权限，建立工程项目投资决策的责任制度，加强工程项目的预算、招投标、质量管理等环节的会计控制，防范决策失误及工程发包、承包、验收等过程中的舞弊行为。

5. 采购与付款控制

企业应当合理设置采购与付款业务的机构和岗位，建立和完善采购与付款的会计控制程序，加强请购、审批、合同订立、采购、验收、付款等环节的会计控制，堵塞采购环节的漏洞，减少采购风险。

6. 筹资控制

企业应当加强对筹资活动的会计控制，合理确定筹资规模和筹资结构，选择筹资方式，降低资金成本，防范和控制财务风险，确保筹措资金的合理、有效使用。

7. 销售与收款控制

企业应当在制定商品或劳务的定价原则、信用标准和条件、收款方式等销售政策时，充分发挥会计机构和人员的作用，加强合同订立、商品发出和账款回收的会计控制，避免或减少坏账损失。

8. 成本费用控制

做好成本费用管理的各项基础事务，制定成本费用标准，分解成本费用指标。控制成本费用差异，考核成本费用指标的完成情况，落实奖罚措施，降低成本费用，提高经济效益。

9. 担保控制

严格控制担保行为，建立担保决策程序和责任制度，明确担保原则、担保标准和条件、担保责任等相关内容，加强对担保合同订立的管理，及时了解和掌握被担保人的经营和财务状况，防范潜在风险，避免或减少可能发生的损失。

四、大数据信息环境下财产保护控制

（一）财产保护控制的基本要求

为了保全企业的财产，企业应当严格限制未经授权的人员接触和处置财产，并采取定期盘点、财产记录、账实核对、财产保险等措施，确保各种财产的安全完整。《企业内部控制基本规范》第三十二条指出："财产保护控制要求企业建立财产日常管理制度和定期清查制度，采取财产记录、实物保管、定期盘点、账实核对等措施，确保财产安全。企业应当严格限制未经授权的人员接触和处置财产。"

（二）限制接近

限制接近主要指严格限制无关人员对资产的接触，只有经过授权批准的人员才能够接触资产。限制接近包括限制对资产本身的直接接触和通过文件批准的方式对资产使用或分配的间接接触。一般情况下，必须限制无关人员对货币资金、有价证券、存货等变现能力强的资产进行直接接触。

1. 限制接近现金

现金收支的管理应该局限于特定的出纳员。这些出纳员要与控制现金余额的会计记录人员和登记应收账款的人员相分离。可以设立单独封闭的出纳室或带锁抽屉的收银机来保护现金的安全。零星现金的支出也可以通过指定专门的核算人员管理备用金的方法来加以控制。

2. 限制接近其他易变现资产

其他易变现资产，如应收票据和有价证券等，一般都是采用确保两个人同时接近资产的方式加以控制。如由银行等第三方保管易变现资产，在处理保管的易变现资产时，要求由两名管理人员共同签名等。

3. 限制接近存货

在制造业和批发企业中，存货的实物保护可以由专职的仓库保管员控制，通过设置分离、封闭的仓库区域，以及工作时间之内和工作时间之后控制进入仓库区域等方式实现。在零售企业中，存货的实物保护可以通过在营业时间和营业后控制接近库房的方式（如使用夜盗警铃、发放有限的钥匙）来实现。另外，贵重商品使用带锁的营业柜，以及聘用专人日常巡视和采用某些监控设备等，也是实物保护控制的措施之一。

（三）定期盘点

定期盘点是指定期对实物资产进行盘点，并将盘点结果与会计记录进行比较。盘点结果与会计记录如不一致，可能说明资产管理上出现错误、浪费、损失或其他不正常现象,应当分析原因、查明责任、完善管理制度。

1. 定期与会计记录核对

进行实物资产盘点并与会计记录核对一致,在很大程度上能保证资产的安全,虽然我们并不排除实物资产和会计记录存在相同错误的可能。为保证盘点时资产的安全,通常应先盘点实物,再核对账册,以防止盘盈资产的流失。

2. 进行差异调查与调整

实物盘点结果与有关会计记录之间的差异应由独立于保管和记录职务的人员进行调查。盘点结果与会计记录如果不一致,说明资产管理上可能出现错误、浪费、损失或其他不正常现象。为防止差异再次发生,应通过详细调查分析原因、查明责任,并根据资产性质、现行的制度、差异数额以及产生的原因,采取保护性控制。

需要说明的是,我们可以根据资产形态来确定盘点频率,显然,动产较之不动产,可携带品较之不可携带品,消费品较之生产用品,货币性资产较之非货币性资产,盘点频率要高得多。

五、大数据信息环境下的预算控制

(一)预算控制的基本要求

预算控制是以全面预算为手段,对企业内部各部门的各种财务及非财务资源所进行的控制。预算控制要求企业加强预算编制、执行、分析、考核等环节的管理,明确预算项目,建立预算标准,规范预算的编制、审定、下达和执行程序,及时分析和控制预算差异,采取改进措施,确保预算的执行。

《企业内部控制基本规范》第三十三条提出"预算控制要求企业实施全面预算管理制度,明确各责任单位在预算管理中的职责权限,规范预算的编制、审定、下达和执行程序,强化预算约束"。

为了引导企业加强对预算的内部控制,规范预算编制、审批、执行、分析与考核,提高预算的科学性和严肃性,促进实现预算目标,企业还应当遵循《企业内部控制应用指引——全面预算》。

预算是指企业结合整体目标及资源调配能力,经过合理预测、综合计算和全面平衡，对当年或者超过一个年度的生产经营和财务事项进行相关额度、经费的计划和安排的过程。企业预算一般包括经营预算、资本预算和财务预算。

企业财务预算应当围绕企业的战略要求和发展规划，以业务预算、资本预算为基础，以经营利润为目标，以现金流为核心进行编制，并主要以财务报告形式予以充分反映。企业财务预算一般按年度编制，业务预算、资本预算、筹资预算分季度、月份落实。企业编制财务预算，应当按照先业务预算、资本预算、筹资预算，后财务预算的流程进行，并按照各预算执行单位所承担经济业务的类型及其责任权限，编制不同形式的财务预算。

企业应当建立预算管理体系，明确预算编制、审批、执行、分析、考核等各部门、各环节的职责任务、工作程序和具体要求。企业在建立与实施预算内部控制中，至少应当强化：①职责分工、权限范围和审批程序应当明确规范，机构设置和人员配备应当科学合理。②预算编制、执行、调整、分析、考核的控制流程应当清晰严密，对预算编制方法、审批程序、预算执行情况检查、预算调整、预算执行结果的分析考核等应当有明确的规定。

预算编制应当实行全员参与、上下结合、分级编制、逐级汇总、综合平衡。

企业应当按照内部经济活动的责任权限进行预算控制，预算内资金实行责任人限额审批，限额以上资金实行集体审批。严格控制无预算的资金支出。

（二）预算岗位分工与授权批准

企业应当建立预算工作岗位责任制，明确相关部门和岗位的职责、权限，确保预算工作中的不相容岗位相互分离、制约和监督。

预算工作不相容岗位一般包括：①预算编制（含预算调整）与预算审批；②预算审批与预算执行；③预算执行与预算考核。

（三）预算工作组织领导与运行体制

企业应当建立预算工作组织领导与运行体制，明确企业最高权力机构、决策机构、预算管理部门及各预算执行单位的职责权限、授权批准程序和工作协调机制。

股东大会（股东会）或企业章程规定的类似最高权力机构（以下统称企业最高权力机构）负责审批企业年度预算方案。

董事会或者企业章程规定的经理、厂长办公会等类似决策机构（以下统称企业决策机构）负责制定企业年度预算方案。

企业可以设立预算委员会、预算领导小组等专门机构（以下统称企业预算管理部门）具体负责本企业预算管理工作。不具备设立专门机构条件的企业，可以指定财会部门等负责预算管理工作。

总会计师应当协助企业负责人加强对企业预算管理工作的领导与业务指导。

企业内部相关业务部门的主要负责人应当参与企业预算管理工作。

企业预算管理部门主要负责拟定预算目标和预算政策；制定预算管理的具体措施和办法；组织编制、审议、平衡年度等预算草案；组织下达经批准的年度等预算；协调、解决预算编制和执行中的具体问题；考核预算执行情况，督促完成预算目标；等等。

企业内部生产、投资、筹资、物资管理、人力资源、市场营销等业务部门和所属分支机构在企业预算管理部门的领导下，具体负责本部门、本机构业务预算的编制、执行、控制、分析等工作，并配合预算管理部门完成企业总预算的综合平衡、控制、分析、考核等工作。

企业所属子公司在上级企业预算管理部门指导下，负责本企业预算的编制、执行、控制和分析工作，并接受上级企业的检查和考核。所属基层企业负责人对本企业预算的执行结果负责。

企业应当制定预算工作流程，明确预算编制、执行、调整、分析与考核等各环节的控制要求，并设置相应的记录或凭证，如实记载各环节工作的开展情况，确保预算工作全过程得到有效控制。

六、大数据信息环境下的运营分析控制

（一）运营分析控制的基本要求

《企业内部控制基本规范》第三十四条提出"运营分析控制要求企业建立运营情况分析制度，经理层应当综合运用生产、购销、投资、筹资、财务等方面的信息，通过因素分析、对比分析、趋势分析等方法，定期开展运营情况分

析，发现存在的问题，及时查明原因并加以改进"。

分析与控制都是手段，达到预算目标或控制目标才是运营分析的真正目的。

（二）企业运营分析主要指标

1. 盈利能力状况分析

企业管理的目标可以简洁地概括为生存、发展、获利。只有发展，企业才能更好地生存；只有获利，企业才能更好地发展。盈利可以说是企业成立的出发点和归宿点，盈利能力的分析可以通过利润总额、净利润、销售利润率、成本费用利润率、资产利润率、投资报酬率、资本净利润率等指标进行分析和评价。

2. 资产质量状况分析

企业内部的人力资源与生产资料资源配置得越合理，生产经营效率与资金利用效率越高，企业就越有发展前途。资产质量及其营运能力分析可以通过应收账款周转率、存货周转率、流动资产周转率、总资产周转率等指标进行分析与评价。

3. 债务风险状况分析

市场经济是信用经济。企业在市场中要立足，首先要讲信用，要具备一定的偿债能力。企业的偿债能力可以通过流动比率、速动比率、现金比率、现金流动负债比率、负债比率、产权比率等指标进行分析和评价。

4. 经营增长状况分析

企业的经营增长状况与发展（竞争）能力越强，说明企业的发展前景越好。经营增长状况与竞争能力可以通过销售增长率、资本保值增值率、市场占有率、资本积累率、总资产增长率、技术投入比率、固定资产成新率、三年利润平均增长率、三年资本平均增长率等指标进行分析与评价。

此外，企业还可以进行创新能力的分析。企业能否及时有效地吸收并运用现代管理的理念与方法，及时实现技术创新、体制创新和机制创新，是企业能否成功的关键。创新能力可以通过引进人才、引进设备、引进外资、新产品投产、新市场开拓、新技术使用、高新技术开发等方面进行分析与评价。

从总体上看，运营分析是一项经常性的控制活动，要求企业综合运用各种信息资料，采用各种方法，在定期分析的基础上，发现问题，查找原因，加强监控，从而达到"防患于未然"或"亡羊补牢"的目的。

七、大数据信息环境下的绩效考评控制

（一）绩效考评控制的基本要求

绩效考评是指将实际业绩与其评价标准，如前期业绩、预算和外部基准尺度进行比较，对营运业绩等进行的评价。《企业内部控制基本规范》第三十五条提出"绩效考评控制要求企业建立和实施绩效考评制度，科学设置考核指标体系，对企业内部各责任单位和全体员工的业绩进行定期考核和客观评价，将考评结果作为确定员工薪酬以及职务晋升、评优、降级、调岗、辞退等的依据"。

（二）绩效考评控制的基本程序

企业应当建立财务分析制度，定期召开分析会议，全面掌握预算的执行情况，研究、落实解决预算执行中存在问题的政策措施，纠正预算的执行偏差。针对预算的执行偏差，企业应当充分、客观地分析产生的原因，提出相应的解决措施或建议，提交董事会或经理办公会研究决定。

企业应当定期组织财务预算审计，纠正财务预算执行中存在的问题，充分发挥内部审计的监督作用，维护财务预算管理的严肃性。财务预算审计可以全面审计，或者抽样审计。在特殊情况下，企业也可组织不定期的专项审计。审计工作结束后，企业内部审计机构应当形成审计报告，直接提交财务预算委员会以至董事会或者经理办公会，作为财务预算调整、改进内部经营管理和财务考核的一项重要参考。

年度终了，财务预算委员会应当向董事会或者经理办公会报告财务预算执行情况，并依据财务预算完成情况和财务预算审计情况对预算执行单位进行考核。企业内部预算执行单位上报的财务预算执行报告，应经本部门、本单位负责人按照内部议事规范审议通过，作为企业进行财务考核的基本依据。

企业财务预算执行考核是企业绩效评价的主要内容，应当结合年度内部经济责任制，与预算执行单位负责人的奖惩挂钩，并作为企业内部人力资源管理

的参考。

（三）绩效考评报告

绩效考评报告是为了提高单位内部管理的时效性和针对性而实施的控制与报告。绩效考评报告应当反映部门、人员经管责任，其形式、内容简明扼要，信息传递和信息反馈迅捷高效。

开展企业综合绩效评价，应当充分体现市场经济原则和资本运营特征，以投入产出分析为核心，运用定量分析与定性分析相结合、横向对比与纵向对比互为补充的方法，促进企业提高市场竞争能力。

参考文献

[1] 蔡维灿. 财务管理 [M]. 北京：北京理工大学出版社，2020.

[2] 崔肖，李晶. 企业财务风险防范实操 [M]. 北京：中国铁道出版社，2023.

[3] 贺媛. 企业会计的财务管理及内部控制的思考 [J]. 首席财务官，2021，（21）：134–135.

[4] 侯慧玲. 浅析企业会计的财务管理及内部控制机制的创新 [J]. 中国科技投资，2016，（36）：174.

[5] 胡翠萍. 企业财务风险传导机理研究 [M]. 武汉：武汉大学出版社，2016.

[6] 黄娟. 企业财务会计 [M]. 重庆：重庆大学出版社，2017.

[7] 金睿. 施工企业全面预算管理执行控制研究 [D]. 成都：西南财经大学，2017.

[8] 李海湧. 财务信息化视角下企业财务内部控制措施 [J]. 商场现代化，2023,（5）：150–152.

[9] 李艳. 中小企业财务会计管理问题与对策 [J]. 商情，2023，（12）：73–76.

[10] 李艳华. 大数据信息时代企业财务风险管理与内部控制研究 [M]. 长春：吉林人民出版社，2019.

[11] 刘红霞. 企业战略、价值发现与财务组织体系创新研究 [M]. 北京：经济科学出版社，2017.

[12] 刘莉. 我国中小企业财务管理创新研究 [M]. 北京：中国商务出版社，2023.

[13] 卢卫. 集团企业财务信息管理系统研究 [D]. 天津：天津大学，2019.

[14] 马艳. 企业绩效评价研究 [D]. 西安：长安大学，2016.

[15] 阮磊. 内部控制与企业财务管理绩效研究 [M]. 长春：吉林大学出版社，2019.

参考文献

[16] 舒文存. 管理会计视角构建企业绩效评价体系的实证研究 [M]. 北京：企业管理出版社，2022.

[17] 王燕儿. 企业财务管理信息化与风险控制 [J]. 中国集体经济，2023，（17）：132-135.

[18] 吴宗奎. 现代企业财务管理与内部控制研究 [M]. 长春：吉林出版集团股份有限公司，2020.

[19] 辛欣.J 企业成本预算管理研究 [D]. 银川：宁夏大学，2020.

[20] 杨建珍. 企业财务会计 [M]. 北京：机械工业出版社，2017.

[21] 尹立中. 企业财务会计管理中的问题与措施 [J]. 中外企业家，2022，（25）：43-45.

[22] 张冕. 大数据环境下民营企业内部控制评价研究 [D]. 邯郸：河北工程大学，2020.

[23] 张倩倩. 企业会计的财务管理及内部控制研究 [J]. 营销界，2022，（20）：143-145.

[24] 张喜芹. 企业财务会计制度存在问题及对策 [J]. 财经界，2018，（26）：94.

[25] 郑凌洁，冯玉清，刘鸣. 企业财务管理与共享模式的内部控制 [M]. 北京：中国石化出版社，2022.